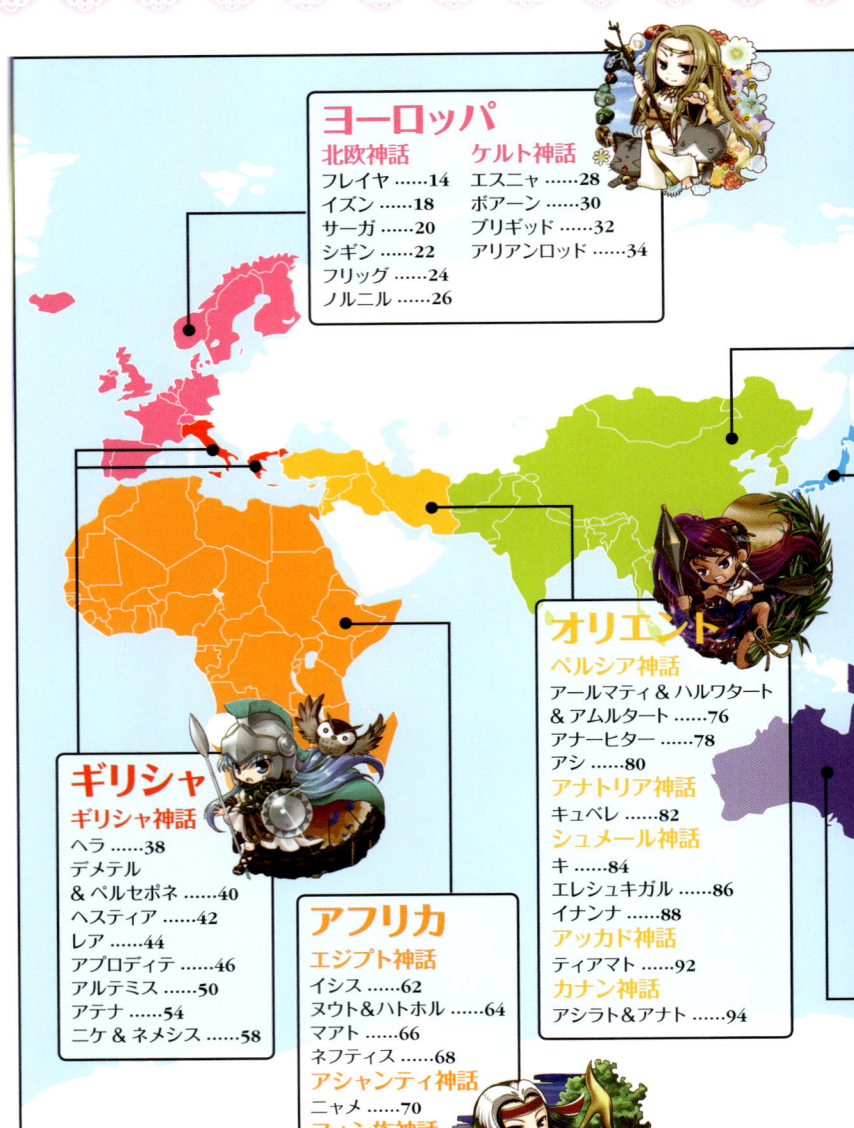

ヨーロッパ

北欧神話
フレイヤ ……14
イズン ……18
サーガ ……20
シギン ……22
フリッグ ……24
ノルニル ……26

ケルト神話
エスニャ ……28
ボアーン ……30
ブリギッド ……32
アリアンロッド ……34

オリエント

ペルシア神話
アールマティ＆ハルワタート＆アムルタート ……76
アナーヒター ……78
アシ ……80

アナトリア神話
キュベレ ……82

シュメール神話
キ ……84
エレシュキガル ……86
イナンナ ……88

アッカド神話
ティアマト ……92

カナン神話
アシラト＆アナト ……94

ギリシャ

ギリシャ神話
ヘラ ……38
デメテル＆ペルセポネ ……40
ヘスティア ……42
レア ……44
アプロディテ ……46
アルテミス ……50
アテナ ……54
ニケ＆ネメシス ……58

アフリカ

エジプト神話
イシス ……62
ヌウト＆ハトホル ……64
マアト ……66
ネフティス ……68

アシャンティ神話
ニャメ ……70

フォン族神話
マウ ……72

世界の女神MAP

アジア
女媧 ……98
姮娥 ……100
九天玄女 ……102
ブリヤート神話
マンザン・グルメ
&マヤス・ハラ ……104
インド神話
ウシャス ……106
パールヴァティ ……108
ドゥルガー&カーリー ……110
ラクシュミ ……112

日本
日本神話
天照大神 ……116
櫛名田比売 ……118
木花之佐久夜毘売 ……120
弁財天 ……122
アイヌ神話
マチネカモイ ……126
琉球神話
アマミキヨ ……128

南北アメリカ、オセアニア
アステカ神話
オメシワトル ……132
インカ神話
カビヤカ ……134
イヌイット神話
セドナ ……136
ハワイ神話
ペレ&ポリアフ ……138
アボリジニ神話
ワイマリウィ&ボアリリ ……142

案内役のご紹介

読者のみなさんと一緒に女神のことを勉強する、3人の案内役をご紹介！

スクルド

北欧神話世界の超アイドルワルキューレ（自称）。運命を管理する三姉妹「ノルニル（→p26）」の末の妹でもあるが、ワルキューレとしてちやほやされるほうが好きなので、運命の女神の仕事はさぼり気味だとか。

> お姉様たちの「仕事しろ」アタックから逃げられたと思ったら、オーディン様とおばさんに捕まるなんて……。女神の勉強とか気が進まないけど、家に戻ってお姉様たちと運命の糸を紡ぐのは、ぶっちゃけつまんないし……うん、決めた！女神の勉強を口実に、世界のあちこちに連れて行ってもらうの。うるさいのから離れて、観光までできるなんて一石二鳥ね！

メティス

ギリシャ神話の知恵の女神。ギリシャ神話の最高神ゼウスの奥さんで、ふだんはゼウスの頭の中で暮らしているが、外出するときは特別製の乗り物を使う。ちなみに現在、ギリシャの神様の本拠地であるオリュンポス山では、ゼウス様の頭がどこかに消えたという話題で持ちきりだとかそうでないとか……

> こんにちわ〜、メティスです、お呼ばれしてきちゃいました〜。うふふ、ヨーロッパの神様のことならなんでも聞いてくださいね〜？　メティスさんは、かしこくなりたい子の味方ですからね、お勉強したい人のことはいつでも応援していますよ？

アマテラス

スクルドたちの住む北欧から はるか東、巨大な海に浮かぶ島国「芙蓉」からやってきた太陽の女神。芙蓉では最高神として神々をたばねていたが、元来のひきこもり気質で仕事がめんどくさくなっていたところ、北欧から届いた家庭教師のオファーに一も二もなく飛びついた。

> やっほー、アマテラスお姉さんだよ！ 家庭教師なんてひさしぶりだけど、なかなか厄介そうな生徒ちゃんで腕が鳴るねぇ。スクルドちゃんもメティスさんも西洋の神様だから、東洋の女神様のことはお姉さんにおまかせ！ 芙蓉だけじゃなく、中国やインドだってお隣さんだから、ちょっと自信あるんだよ！

ゲストのご紹介！

この本では世界の女神を紹介するために、案内役の3人のほかにも以下のゲストが登場します。スクルドたち3人と一緒に、よろしくお願いします！

イシュタル

バビロニア神話の愛と戦いの女神。なんでも思うままにしないと気が済まない女王様！

フレイヤ

北欧神話の愛と美の女神。スクルドのワルキューレとしての上司で、いいオトコに目がないのが玉にキズ。

ブリギッド

ケルト神話の女神、ブリギッド三姉妹の末の妹さん。鍛冶の達人で、武器を作るのが大得意！

はじめに

　世界各地の神話にあらわれ、その美しい姿で人間を魅了する女神たち。
　女神とは、かつて地上に栄えたわれわれの祖先が、自然に対する恐れや未来への希望などを、美しい女性の姿に封じ込めて作り出した存在です。「理想の恋人」「理想の妻」「理想の母親」として作られた女神への信仰は、ある意味世界最古の「萌え」であるといっても過言ではないでしょう。

　この「萌える！　女神事典」は、世界中の女神を紹介する事典です。
　144ページまでのカラーページでは、世界各地の神話から集めた、52組65柱の女神たちをたっぷりと紹介しています。収録した女神は、ギリシャ神話のアテナのような、有名な神話と女神を抑えつつ、日本人がまず出会わないような地域の神話、無名だが面白い女神をなるべく多く収録することに気を配りました。
　女神のイラストは、資料の記述や後世の絵画などを参考に、担当イラストレーターの独自の解釈を加えてデザインされたものです。女神の新たな魅力を、このイラストで楽しんでください。

　145ページからの「もっとくわしく！　女神資料編」は、本書で紹介した22の神話のなかから、特に厳選した8つの神話の、基本的な知識を紹介するページです。このページを読めば、神話を理解するために必要な、基本中の基本の知識が手に入ります。

　この本を読み終わったとき、あなたは、無限の広がりを見せる女神の世界へ足を踏み入れるための準備が整っているでしょう。
「萌える！　女神事典」を、どうぞお楽しみください！

凡例と注意点

凡例
　本文内で特殊なカッコが使われている場合、以下のような意味を持ちます。
・「　」……原典となっている資料の名前
・〈　〉……原典を解説している資料の名前
ケルト神話の固有名詞について
　ケルト神話に登場する神や人間、道具などは、日本におけるケルト研究の第一人者、井村君江博士の著作を基準にした名前で紹介します。
ギリシャ神話の固有名詞について
　ギリシャ神話については、固有名詞の「ー」（長音記号）を表記する書式と表記しない書式がありますが、本書では長音記号を表記しない書式を採用しています。
日本神話の神名について
　日本神話の神は、基本的に『古事記』で使用されている名前で紹介します。なお、本文中では、神の名前の最後にくる「命」や「神」の表記を省略しています。

✤ この本の読み方 ✤

はーいみんなー？ このページでは「萌える！ 女神事典」を楽しく読んでもらうために、最初に知っておいてほしいことを説明するよ～。まずは女神様の名前やプロフィールを紹介するデータ欄からいってみよう！

データ欄の見かた

Loveに種族の垣根なし！
フレイヤ

神族：ヴァン神族　別名：ヴァナディース（『ヴァン神族の女神』）
生誕地：ヴァナヘイム（ヴァン神族の世界）　出典：『古エッダ』

女神の名前です。

女神データ

女神の特徴を説明する各種データがまとめてあります。
各データの意味は下のとおりです。

出身：女神が登場する神話の名前です。
個体名：見出しに書かれた名前が集団の呼び名の場合、各個人の名前が書かれます。
別名：見出しに書かれた名前以外の呼ばれ方がある場合、ここに書かれます。
神族：女神が属している神の種族の名前です。
生誕地：神話中で女神の生まれた場所です。
居住地：女神が住んでいる場所や施設名です。
信仰拠点：女神の信仰がもっとも盛んな地域の名前や、信仰の拠点となる施設名です。
出典：女神が登場する神話資料の名前です。

なんかいろいろ書いてあるけど……
たとえば私だったら、出身は「北欧神話」で神族は「アース神族」って感じになるのかしら。

だいたいそういう感じですよ～？
その女神を知るために必要なデータだけが書いてありますから、あんまり身構えずに、気楽に読んでくださいね～♪

女神と神話の用語辞典

あのねぇ、メティスさんは思うんです。スクルドちゃんがお勉強をする気になれないのは、難しい言葉がたくさん出てくるせいじゃないかな〜って。

あー、たしかにソレあるかも。オーディン様のしゃべってることとか半分くらい意味わかんないし。

なるほどね！ それがわかれば善は急げ！女神とか神話とかを知りたい人が、かならず出会う専門用語を、お姉さんたちが超わかりやすく教えてあげるよっ！

えっ？ ちょ、ちょっと待ちなさいよ！
勉強する気なんてないんだってば〜っ!!

神の特徴をあらわす用語

はーいみんなー！ ここにまとめたのは、神様の特徴をひとことであらわす言葉だよ。たとえばアマテラスお姉さんなら、「最高神」にして「太陽神」って感じね！

主神／最高神
神話を書いた人々や、神話に登場するほかの神から、もっとも偉大な神、あるいは神々の指導者として認められている神のことです。

創造神
世界そのもの、宇宙、生物が住む大地などを作った神のことをこう呼びます。

地母神、豊穣神
農作物を豊かに実らせ、家畜に多くの子供を産ませる神。くわしくは 74 ページで解説します。

処女神
男性との性経験がないという「処女性」を特色とする女神をこう呼びます。

原初の神
世界の創造の初期で活躍したものの、その後の神話ではあまり大きな活躍をしない神のことをこう呼ぶことがあります。

神話世界の用語

神族
ひとつの神話のなかに神々のグループが複数ある場合、そのグループのことを神の一族「神族」と呼びます。

汎神殿(パンテオン)
語源はギリシャ語の「すべての神々」。ひとつの神話に登場する神々すべてや、その組織、上下関係や親族関係をひとまとめにしてこう呼ぶことがあります。

三位一体(トリアッド)
神々のなかには、3柱の神が協力してひとつの役割を果たしたり、3柱の神が同じ名前と別々の特技を持つことがあります。こういった神々のことを「三位一体の神」と呼ぶことがあります。

これは神話の世界だけで使われている、独特の単語ですねぇ〜。ちなみに私は「オリュンポス神族」の一員ですよ〜。

神話研究の用語

原典
後世の作家によって編集、脚色されたものではなく、もっとも本来の形に近い資料のことです。

聖典、教典
神の教えや人生の指針が書かれた書物として、宗教が公認した文献です。

口伝(くでん)、口承(こうしょう)
神話や物語の伝承方法のひとつで、物語の内容を文字に書くのではなく、師匠が弟子へ物語の内容を話し、暗記力を頼りに後世へ引き継いでいく方式です。

同一視
本来は別々の存在であるものを、名前が違うだけの同じ存在だと考えることです。144ページでくわしく解説します。

神話とか宗教を研究してるセンセイたちが使う専門用語らしいわ。覚えておいたら役に立つのかしら?

た、たしかにわかりやすかったけどっ!
こんなにたくさん詰め込まれても覚えらんないわよ!

まあまあ、べつに今すぐ覚えなくてもいーんですよ〜?
わからない単語があったら、ここに戻ってくればいいんですから〜。
便利に使ってくださいね〜?

萌える! 女神事典 目次

案内役のご紹介 ……6
はじめに ……8
この本の読み方 ……9

ヨーロッパ ……13
ギリシャ ……37
アフリカ ……61
オリエント ……75
アジア ……97
日本 ……115
南北アメリカ、オセアニア ……131

もっとくわしく! 女神資料編 ……145
オリエント神話 ……146
エジプト神話 ……152
ギリシャ神話 ……162
北欧神話 ……172
ケルト神話 ……180
インド神話 ……186
日本神話 ……192

Column

フレイヤとワルキューレ ……15
三位一体の女神モリガン ……36
トイレの女神クロアキーナ ……49
神々の「不死」と「死」……53
青春の女神ヘベ ……60
地母神と豊穣の女神 ……74
イナンナの系譜 ……96
日本神話とギリシャ神話はどうして似ているのか? ……130
神々の同一視 ……144

ヨーロッパ *Europe*

ヨーロッパの章では、現在のノルウェーやアイスランドなど「北欧」と呼ばれる地域に伝わっていた「北欧神話」と、イギリスの一部やアイルランド島で語り継がれていた「ケルト神話」に登場する女神を紹介します。

illustrated by 粗茶

フレイヤ

Loveに種族の垣根なし！
フレイヤ

神族：ヴァン神族　別名：ヴァナディース（「ヴァン神族の女神」）
生誕地：ヴァナヘイム（ヴァン神族の世界）　出典：『古エッダ』

愛と豊穣と魔法の女神

北欧神話でもっとも有名な女神のひとり、フレイヤ。彼女は自由奔放な愛と美の女神で、北欧神話の神々に「セイズ魔術」という占いの技術を教えた魔法の神でもある。絵画などでは金髪と青い瞳で描かれる美しい女神だ。

猫の引く戦車に乗り、愛の精霊をしたがえるフレイヤ。猫は彼女の与えるあたたかな情愛を意味する動物である。19世紀スウェーデンの画家、ニルス・ブロメールの作品。

主神オーディンや雷神トールなど、北欧神話の主人公は「アース神族」と呼ばれる神の一族に所属している。ところがフレイヤは彼らと違い、魔法を得意とする「ヴァン神族」出身の女神である。ヴァン神族はアース神族と敵対関係にあったが、両者は和平を結び、おたがいの重要人物を人質として交換することになった。フレイヤはこのとき、双子の兄フレイとともにアース神族のところにやってきた。

フレイヤは、猫に引かせる戦車、着ると空を飛べる「鷹の羽衣」など多くの宝物を持っている。なかでも炎のように輝く首飾り「ブリーシンガメン」は貴重で、これを手に入れるために、フレイヤが職人に自分の体を差し出したほどの逸品だ。

女神フレイヤのオトコ遍歴

フレイヤは恋と愛欲の女神である。彼女は夫がいるにもかかわらず、北欧神話の最高神オーディンの愛人となった。しかもそれだけではなく、彼女は気に入った男がいれば誘惑し、ベッドをともにする。フレイヤのお相手をつとめるのは神だけではなく、巨人族、小人族（ドワーフ）、人間など、種族の垣根は存在しない。そのなかには兄フレイとの近親相姦すら含まれている。

北欧神話のトラブルメーカー「ロキ」は『ロキの口論』という物語で、フレイヤに対して、宴会のために集まったアース神族の男神全員と関係を持ったのではないかと悪口を言っている。フレイヤは嘘だと言っているが、そんな悪口が成立してしまうくらい多くの相手がいたことは事実のようだ。

また、上でも説明しているが、彼女は小人族の職人からブリーシンガメンの首飾りをもらうために、職人たちが「あなたと一夜をともにできるなら、首飾りを差し

英語で金曜日のことを「Friday」っていうじゃない？　あれって「フレイヤの日」って意味だと誤解されてるけど、ほんとは24ページにいるフリッグ様の日なの。「無視されて悔しい」ってグチグチ言ってたわ。

上げる」という要求に答えて、職人たちにその身を差し出している。いわば彼女は、その美しい体を売ってブリーシンガメンを買ったのである。

フレイヤはこのように多くの男性と関係を持つ奔放な女神であるが、だからといって夫のことを無視してはいない。フレイヤの神話には「フレイヤが夫の不幸に金色の涙を流す。これが地面にしみこんで固まったのが黄金だ」という内容の物語があるのだ。ただしこの神話には複数の種類があり、オッドという名前の夫が行方不明になるものや、スヴィプタグという夫が怪物に変えられるものなどがある。

混ぜこぜフレイヤ

北欧神話の女神のなかで、フレイヤの出番は飛び抜けて多い。その理由は、ほかの女神の出番が、フレイヤの出番に変更されたからだという疑いが強い。

北欧神話の物語が、一貫した文章にまとめられたのは12～13世紀ごろだ。それまでの神話は詩人たちの暗記で伝承されていたため、詩人たちが改変を行えば、神話の本来の姿は忘れ去られて「フレイヤが活躍する神話」になってしまう。

フレイヤによって「活躍の場を奪われた」可能性がもっとも高い女神が、彼女と名前がよく似ている、主神オーディンの妻フリッグ（→ p24）である。ただし北欧神話の研究者のなかには、フリッグとフレイヤは元々同一神格だったが、時代ごとに呼び名が違ったため、別々の神と誤解したのだと主張する者もいる。

❦ フレイヤとワルキューレ ❦

ワルキューレとは、北欧神話で最高神オーディンに仕える女性たちで、戦いで死んだ戦士の魂から優れた者を選びだし、神々の住む場所に連れてくる役目についている。「ヴァルキリー」「ヴァルキューレ」という名前で呼ばれるほか、日本語では「戦乙女」とも呼ばれる。甲冑で武装し、背中から翼を生やした外見でたいへん有名である。

このページで紹介した女神フレイヤは「ワルキューレ」の主人だといわれることが多い。ところが北欧神話の原典では、最初に説明したとおりワルキューレはオーディンの部下であり、フレイヤとの関係は特に書かれていないのだ。では、なぜフレイヤが「ワルキューレの主人」だということになるのだろうか？

じつは北欧神話の原典『古エッダ』には、「フレイヤはオーディンと戦死者を分け合う」という記述がある。戦死者を分け合うということは、戦死者を迎えるためのワルキューレがフレイヤに仕えているはずであり、それゆえフレイヤはワルキューレの女主人と呼ばれるのである。

ちなみにワルキューレたちのなかには固有の名前を持つ有名なものもいる。のちにドイツの英雄伝説でヒロインになった「ブリュンヒルデ」が代表格だが、そのほかにも運命の女神であるノルニル三姉妹の末の妹「スクルド」もワルキューレの一員だといわれている。

illustrated by 碧風羽

北欧神話

黄金アップル健康法
イズン

別名:イドゥン(日本語の別表記)、イドゥンノル、イドゥナ　出典:『古エッダ』など

永遠の若さを管理する女神

　イズンは、北欧神話の主人公であるアース神族にとって、もっとも重要な宝物を管理している女神だ。その宝とは、神々の若さと寿命を保つ黄金色の果実「常若のリンゴ」である。北欧神話の神々は不老不死ではないので、継続的に「常若のリンゴ」を食べないと、年老いて死んでしまうのだ。

黄金のリンゴを神々に与えるイズン。20世紀初頭のイギリス人画家、J.P.ペンローズの作品。

　若さのリンゴが実る木は、ノルニルという三姉妹の神(→p26)が見張っているのだが、収穫されたリンゴはイズンが持つ箱の中に保管され、必要に応じて神々に与えられる。そのため彼女は「不死の女神」という称号で呼ばれることもある。

　このように重要な役目を持つイズンだが、詩の神ブラギの妻となる前の経歴が不明なため、後世の研究者や作家によって、イズンの出身神族についてさまざまな推測がされている。最大のヒントとなるのは、北欧神話の原典のひとつ『ロキの口論』だ。

　この物語では、北欧神話の悪役であるロキが神々の悪口を言い続けるのだが、ロキはイズンに対して「自分の兄を殺した者と寝た」と言って、彼女の夫であるブラギが、イズンの兄を殺したことを指摘している。つまりイズンは、アース神族と敵対していたことのある「ヴァン神族(魔法を得意とする古き神々)」や巨人族の生まれかもしれないのだ。

狙われた「常若のリンゴ」

　アース神族の不老不死を保つ「常若のリンゴ」は、ほかの神族や巨人たちにとっても魅力的なアイテムだ。北欧神話の物語『巨人にさらわれたイズン』には、このリンゴが巨人たちに奪われたときの混乱がくわしく説明されている。

　あるとき、イズンは悪神ロキに手引きされた巨人スィアツィに、リンゴをおさめた箱ごと誘拐されてしまう。するとリンゴを食べられない神々は、だんだんと年をとり、髪の毛が白くなってしまった。そこで神々は、誘拐を手引きしたロキに責任をとらせるべく、彼にイズン奪還の使命を与えた。ロキはスィアツィの館からイズンをさらい返して、無事に責務をはたしている。

不死の力を秘めた黄金のリンゴは、北欧神話以外にも登場しますよ〜。ギリシャ神話では、ヘラクレスさんが黄金の林檎を奪いに行く話があります。リンゴを守るラドンという怪物は、なんと首が100本もあるんですよ〜。

illustrated by けいじえい

詩の流れる館に住む女神
サーガ

神族：アース神族？
出典：古エッダ『グリームニルの言葉』、新エッダ『ギュルヴィたぶらかし』

最高神オーディンの晩酌のお供

北欧神話の女神サーガは、伝承と知識、そして詩の女神だ。そもそも彼女の名前である「サーガ」とは、北欧で「英雄物語」を意味する。彼女はすべての女神のなかで、オーディンの正妻フリッグに次ぐ偉大な女神だという。

サーガの住居は、神々の世界アースガルドにある、セックヴァベック（沈む床）という名前の美しい館だ。館の周囲には泉の源泉があり、冷たい水がさらさらと流れている。ここには最高神オーディンが毎日のようにおとずれ、黄金の杯でサーガと酒をくみ交わす。源泉からは水とともに詩のアイディア、過去の歴史などがとめどなく流れていて、みずからも詩人であるオーディンは、それを聞きながらゆったりと過ごすのだという。

オーディンに酒をつぐサーガ。1893年出版の『古エッダ』の挿絵より。ジェニー＝ニストローム画。

正体不明の女神

本書で紹介した女神のなかで、サーガは指折りの「正体不明な女神」である。そもそも北欧神話とは、9～13世紀頃にかけてまとめられた神話詩集『古エッダ』と、12世紀の詩人スノリが、神話を題材とした詩をまとめてひとつの物語へと再構成した『スノリのエッダ』のことを指す。不思議なことに女神サーガは、『古エッダ』でも『スノリのエッダ』でも、わずか1カ所ずつでしか登場していない。

このように出番が少ないサーガを、北欧の詩人たちは、独自のアレンジを加えて歌った。そのためサーガについての情報の多くが出所不明であり、そもそもサーガという女神が本当にいたのかどうかさえ疑われるありさまなのだ。（オーディンの正妻フリッグ（→ p24）の別名に過ぎないのではないかという説さえある）

上で紹介したサーガの特徴も、ほとんどは19世紀以降に、北欧の神話を現代風に書き直した「再話」と呼ばれる作品群で生まれたものだ。原点である北欧神話には、サーガが女神のなかで2番目に偉く、「冷たい波が立ち騒ぐ」セックヴァベックに住み、オーディンと毎日黄金の杯で酒盛りをすることしか書かれていない。

さかずきを通して水の音に耳をかたむけるなんて、サーガさん詩人ですねぇ～♪　冷たい水がさらさら流れる場所って心がおちつくんですよぉ、水の女神として、しんぱしーを感じてしまいます～

シギン

ダンナの罪は自分の罪

神族：アース神族
別名：シギュン、シグン（sigun）、シグリュン（sigryn）
出典：古エッダ『巫女の予言』など

夫に尽くしたけなげな女神

　北欧神話の女神シギンには、自然現象や人間の営みなどに影響を与える、神らしい力がまったくない。彼女は「夫への奉仕」のみで神話に名を残した女神だ。

　女神シギンは、北欧神話の物語で何度も問題を引き起こすトラブルメーカー「ロキ」の妻だ。彼女とロキのあいだには、ヴァーリとナルヴィというふたりの息子が生まれている。ロキはシギンに特別な興味をはらわなかった（彼女を虐待していたと書く資料もある）が、シギンのほうは、夫がどんな悪事をはたらいても忠実に従う、貞淑な妻であり続けたという。

ロキとシギンと蛇の毒液

　ロキは神々の役に立つ仕事もする一方で、自分勝手な目的のために神々に迷惑をかける困り者だった。ロキの悪事はしだいにエスカレートし、ついにはオーディンの息子で、神々に愛される太陽神「バルドル」を間接的に殺害。神々の宴会でそのことを自慢げに告白し、激しい悪口を吐き捨てた。ここにきて神々は、これまでロキの悪事を野放しにしすぎたと判断し、ロキに厳しい罰を与えることを決めた。

杯で蛇の毒液を受け止めるシギン。19世紀スウェーデンの画家、モーテン・エスキル・ヴィンゲの作品。スウェーデン国立博物館収蔵。

　まず神々は、捕縛したロキと息子ふたりを「暗黒と悲嘆の深淵」と名づけられた島に連行すると、息子を殺しそのはらわたで鎖を作り、それでロキの体を岩に縛りつけ、けっして逃げられないようにした。しかも縛りつけられたロキの頭上には毒蛇が置かれ、牙からロキの顔に毒液がしたたり落ちるようにした。この毒は非常に強力で、触れるだけでとてつもない激痛がするのだ。

　ふたりの息子を殺され、すべての神を敵に回して罰を受けるロキを、シギンは見捨てなかった。彼女はロキのそばにつき添い、蛇の毒液を杯で受け止めて、ロキの顔に毒がかからないようにしているのだ。しかし杯がいっぱいになると、シギンは毒液を捨てるためにロキの元を離れなくてはいけない。このときだけはロキの顔に毒がかかり、ロキは激痛にもがき苦しんで大地を揺らす。北欧における地震とは、顔面に毒液をかけられたロキが苦しみながら引き起こすものなのだ。

シギンさんが毒を受け止める器って、ヨーロッパの絵画でも、たいてい右のイラストみたいにちっちゃいのばっかり。「触れたら激痛！」な毒液なのにあぶないよ、ねえ、もうちょっと大きな器をあげてもいいじゃない！

北欧神話

ライバルはダンナ様
フリッグ

神族：アース神族　別名：フリッガ　居住地：フェンサリル（海の宮殿）　出典：『古エッダ』

未来を見通す神々の女王

　北欧神話を現在の形にまとめた13世紀の詩人「スノリ・ステュルルソン」は、最高神オーディンの妻であるフリッグを、北欧神話でもっとも偉大な女神として紹介している。彼女は人間たちが住む世界「ミッドガルド」の大地を守護するほか、大気、出産、子供への名付けの神であり、未来を見通す予知能力を持っているのだ。

雲を編むフリッグ。北欧神話では、雲は大気の女神フリッグが紡ぎ出した糸のかたまりだと信じられていた。イギリス人画家J.C.ドルマンの作品（1909年）。

　最高神の妻であるフリッグには特権がある。神々のなかでフリッグだけが「フリズスキャールヴ」と呼ばれるオーディンの玉座に座ることを許されているのだ。この玉座は非常に高い場所にあり、世界のすべてを見通すことができる。フリッグはこれに持ち前の予知能力を加えて、あらゆる未来を知ることが可能なのだ。ただしフリッグは非常に口が堅く、予知した未来を他人に漏らすことはない。

　また、彼女は智恵が回る策略家でもあり、夫のオーディンといつもその知恵を競いあっている。ただ北欧神話の物語には、オーディンとフリッグの知恵比べに巻き込まれて破滅してしまった人間の物語がいくつも見られる。

息子のためなら世界を駆ける

　フリッグには自慢の息子がいる。それは太陽神バルドルで、あらゆる存在に愛される人気者だった。

　あるときバルドルが不吉な夢を見たため、バルドルの身に危険を感じた神々は、すべての者に「バルドルに危害を加えない」と約束させることを決める。フリッグは自分の足で世界中を歩き回り、すべての生き物どころか、金属、石、火や水などの無生物にいたるまで、万物のあらゆるものから誓いをとりつけたのだ。

　ところがフリッグは、唯一"ヤドリギの若芽"にだけは「誓いを立てるには幼すぎるから」という理由で誓いを立てさせていなかった。不幸にもバルドルは、悪神ロキの策略により、このヤドリギに貫かれて死んでしまうのだ。

　フリッグは「いかなる身代金でも払う」といってバルドルを冥界から連れ戻そうとするが、ロキの妨害にあって失敗。おおいに悲しんだという。

へぇ～、ここが噂のフリズスキャールヴかぁ。オーディン様ってば、おねだりしても、ここにだけは入れてくんないのよ。ねえねえ、わたしも世界を見下ろしながら「下界がゴミのようだー！」ってやってみたい！

運命をあやつる三姉妹
ノルニル

個体名：ウルズ、ベルザンディ、スクルド　神族：ヨトゥン（巨人）orアース神族
別名：ノルン（単数形）　出典：『古エッダ』

最高神よりも偉い三姉妹

　北欧の人々は、逃れ得ぬ運命というものを非常に強く信じていた。その運命をつかさどる女神は「ノルニル」といって、非常に多くの人数がいる。ノルニルという名前は複数形の表現で、ノルニルのなかのひとりを呼ぶ場合は「ノルン」という。

　人間の寿命や運勢はこのノルンが決めるのだが、その配分はとても不公平だ。良いノルンに当たれば幸運がもたらされ、意地悪なノルンは人間を不幸にする。

　無数にいるノルニルのなかで特に有名なのが、ウルズ、ベルザンディ、スクルドの三姉妹だ。彼女たちはそれぞれ運命の「過去（ウルズ）、現在（ベルザンディ）、未来（スクルド）」を担当している。ウルズは年老いた外見で、ベルザンディは若く美しい。スクルドはヒステリックな性格で、すぐに腹を立てるという。世界すべての運命を決めるウルズたち三姉妹の権限は強く、最高神オーディンですらその決定には逆らえないのだ。

Johannes Gehrtsによって描かれたノルニル。赤ん坊の元に現れて、寿命を告げる。

　ウルズたちは北欧神話の世界樹ユグドラシル（→p173）の根元に住み、運命そのものの糸をつむいで織物を作るかたわら、世界樹に水を与えて養育している。また、ノルンは死者の魂の運び手「ワルキューレ（→p15）」とも関係が深く、末の妹のスクルドはノルンだけでなくワルキューレとしても働いている。

運命の三姉妹はギリシャにも

　運命の女神が三姉妹なのは北欧だけではない。ギリシャ神話には、「モイライ」という運命の三姉妹がいる。役割分担もノルニルと同じで、過去の女神クロト、現在の女神ラケシス、未来の女神アトロポスという分担になっている。三姉妹が糸つむぎと機織りの神であるところも同じだ。クロトは生命の糸をつむぎ、ラケシスは運命の布を織り、アトロポスは糸を断ち切って人間の寿命を終わらせるという。

　ノルニルとモイライの最大の違いは、モイライがつむぐ運命には改変の余地があることだ。ギリシャ神話には、モイライを酒に酔わせた隙に運命を書き換えたり、モイライを脅迫して運命を変えさせた物語が複数紹介されている。

ノルニルのみなさんは、北欧の神の種族「アース神族」ではなくて、その敵である巨人族の出身だっていう説もありますよ〜。むかし敵だった人に運命をにぎられるって、ちょっと怖い気がしますね〜。

illustrated by RiE

捕まってしまったですニャ☆
エスニャ

神族：トゥアハ・デ・ダナーン？　信仰拠点：マンスター地方（アイルランド）
出典：アイルランドの神話

マンスター地方の月女神

　ケルト神話を語り継いできたアイルランド島では、多産や豊作をもたらす大地母神に対する信仰が強く、土地の守り神が女性であることが非常に多い。ここで紹介する女神エスニャもそのひとりで、彼女はアイルランド島南西部にある「マンスター地方」の南部のみを守護する女神だ。

　エスニャは月の女神であり、家畜を守り、作物を豊作にみちびく神として現在でも農夫たちに信仰されている。毎年6月24日の夏至前夜には、豊作を祝うエスニャの祭りが行われているのだ。

翼を奪われ人間の妻に

　マンスター地方南部にはエスニャが登場する神話がいくつもあるので、ここではそのひとつを紹介しよう。

　あるとき、エスニャは白鳥の姿で湖に舞い降り、女神の姿に戻って水浴びをしていた。このときエスニャは、自分の姿を人間から見えなくする魔法の衣を、不注意にも岸辺に置きっぱなしにしてしまったのだ。エスニャの変身を目撃した地元マンスターの領主「デスモント伯爵」は、この衣を隠し、エスニャに結婚をせまった。姿を隠せなくなったエスニャはしぶしぶ結婚を承諾したという。

　このふたりのあいだに産まれたのが、アイルランドの民話で有名な魔法使い、ゲラルドだ。彼は母親のエスニャから魔法を教え込まれ、魔法の達人に成長した。

　ゲラルドが成長したあと、エスニャは夫を試すため「ゲラルドがどんな術を使っても、けっして驚いてはいけない」と忠告し、夫デスモンド伯もそれを了承する。ところがデスモンド伯は、ゲラルドが魔法で再現してみせた宴会の光景があまりにすごかったので、思わず声をあげて驚いてしまった。約束が破られたことでゲラルドは死んでしまい、エスニャも伯爵の館から姿を消してしまった。

　民話によれば、死んだゲラルドは母のエスニャとともに妖精界へ移住し眠りについた。彼は7年に一度、部下を連れて湖の周囲をめぐるほか、デスモンド伯の国が危機に陥ると、部下とともに目覚めて国を救いにやってくるのだという。

　鳥の姿の女神が、道具を奪われたせいで神の世界に帰れず、人間の妻になるという物語展開は、じつは世界各国で見られる人類共通の物語パターンだ。日本にも、天女が羽衣を奪われたせいで人間の嫁になる「羽衣伝説」などがある。

エスニャさんは、ゲラルドを産むついでに、何もない丘一面に、たった一晩でエンドウ豆を植えつけたんだってさ。うちの義理のお母さん"イザナミ"様は、産むので精一杯だったのに……できるね、エスニャさん。

ボアーン

ボインは浮き袋にはなりません！

神族：トゥアハ・デ・ダナーン　　信仰拠点：ボイン川（レンスター地方）
出典：12世紀の神話解説書『地誌』など

短い川の大事な女神

　28ページでは、アイルランドでは土地ごとに守護する女神がいることを紹介したが、女神は土地だけでなく湖や川にもいる。ボアーンは、アイルランド島南東部のレンスター地方を流れる「ボイン川」を守護する女神だ。

　ボイン川は全長117kmで、アイルランド最長のシャノン川（370km）の1／3以下の長さしかない。だが歴史的、宗教的には非常に重要で、多くの神話の舞台になり、古代の王国の首都もボイン川の流域にあった。そのためかこの川の女神ボアーンも、神話で「最高神ダグザの愛人」という重要な役目を与えられている。

　ボアーンとダグザのあいだには、ケルト神話の重要な神である愛の神オィングスが生まれた。ボアーンがこの神を妊娠したとき、おたがいの愛人関係を世間に知られたくなかったふたりは魔法を使い、太陽の動きを9ヶ月止めることで、妊娠から出産までを「一昼夜」で終わらせたという神話が残っている。

ボイン川のできたわけ

　ケルトの神話によれば、元々ボイン川は単なる井戸や泉でしかなかったが、ボアーンの失敗のせいで川になったことになっている。ボイン川誕生の原因を説明している、ふたつの神話を紹介しよう。

　12世紀のレンスターで書かれた神話解説書『地誌』によれば、ボアーンはネフタンという水神の妻だった。ボアーンは夫以外の立ち入りが禁じられている「シー・ネフタンの井戸」をおとずれるというタブーを犯したため、井戸から大量の水が噴き出して激流の川（これがボイン川である）となり、ボアーンは川のなかに飲み込まれてしまった。それ以来、ボアーンはボイン川の女神になったという。

　アイルランド妖精研究の第一人者、井村君江の《ケルトの神話》に収録された物語では、レンスター地方の小さな泉のほとりに9本の「ハシバミ」という木があり、食べれば世界の秘密がすべてわかるという木の実がなっていた。ボアーンは、どんなに偉い神も食べることを許されないこの木の実を食べようとしたが、そのとき聖なる泉から水があふれ出し、ボアーンを飲み込んでしまったそうだ。

　ちなみにこの泉には鮭が一匹住んでいて、泉に落ちる「木の実」を食べて知恵をつけ、フィンタンと名乗っていた。のちにフィンタンはアイルランドの英雄「フィン・マックール」に食べられ、フィンの知恵の源になっている。

ぐぬぬぬ、この人のボアーンって名前、胸の"ボイン"とは関係ないって話だけど、ほんとの語源は「牛」らしいじゃない！　牛みたいに見せびらかしてるんだから、ボインと変わんないじゃないの！

illustrated by 柏餅よもぎ

どこでもいっしょな三姉妹
ブリギッド

神族：不明　別名：ブリジット、ブリーグ　信仰拠点：アイルランド島
出典：『コルマックの注解書』など

三位一体の女神

　ブリギッドは、アイルランド島で広く信仰されていた女神であり、現在でも毎年2月1日にブリギッドを祝う祭りが行われるなど、アイルランドの文化に深く根づいている。ところがその有名さに反して、彼女がどんな女神なのかを明確に説明する資料は少ない。有名だが正体不明な謎の女神、それがブリギッドだ。

　10世紀に書かれた百科事典『コルマックの注解書』は、多くの資料のなかでも、ブリギッドの特徴を比較的くわしく説明している資料だ。それによれば、ブリギッドは最高神ダグザの娘で、全員がブリギッドという名前を持つ三姉妹の女神だった。長女は占いや予言、詩や学問の専門家で、次女は治療、三女は鍛冶や工芸を得意としていた。この三姉妹があまりに偉大なので、アイルランドではブリギッドという名前を「女神全体」をあらわす一般名詞としても使っていたという。

　ただし、この記述だけがアイルランドのブリギッド信仰を正確に伝えているとはかぎらない。ほかの資料には、ブリギッドは出産と豊穣の女神だと書かれているし、ひとりの女神が3つの側面を持つ神で、三姉妹ではないとする資料もある。顔の片側が醜く、片側が非常に美しかったと書く資料もある。

　どの説をとるとしても、ブリギッドが3つの要素を内包する女神で、アイルランドで広く信仰されていたことだけは間違いない。

ブリギッド、その後の変化

　ブリギッドは非常に広く信仰された女神だが、ケルトの神話にはほとんど名前が出てこない。日本におけるケルト研究の第一人者、井村君江によると、ブリギッドは中世になってから「ダーナ」（ダヌ）という名前で呼ばれるようになったそうだ。ケルト神話にもしばしば名前が出てくるダヌという女神は、ケルト神話の主人公である神の一族「トゥアハ・デ・ダナーン」を産んだ女神である。いわばブリギッドは、名前を変えて、神話に登場する神々の先祖になったというわけだ。

　女神ダヌが生まれるよりかなり前の5世紀頃、アイルランド人はキリスト教に改宗している。だが彼らは、それまでのケルトの神々を捨てることはなかった。女神ブリギッドへの信仰も、「キリスト教の聖人"聖ブリギッド"への信仰だ」という建前でほぼそのままの形で受け継がれ、冒頭のように現在でもしっかりと生き残っているのだ。

右のイラストでブリギッド三姉妹の妹さんが打っているのは、馬の足につける「蹄鉄（ていてつ）」ですね〜。ケルト人のみなさんによれば、家のドアに蹄鉄をつけると、悪魔を追いはらう魔除けになるんですよ〜？

illustrated by 山鳥おふう

銀の車輪をまわす女神
アリアンロッド

別名：アリャンフロド　信仰拠点：ウェールズ　出典：『マビノギオン』

時と運命と月の女神

　女神アリアンロッドは、ここまで紹介してきたケルト神話の女神たちとは違い、ブリテン島の西部にあたる「ウェールズ地方」で信仰されていた女神だ。

　アリアンロッドという名前は、ウェールズ語で「銀の車輪」という意味だ。世界の神々の解説書《神話・伝承事典》によれば、アリアンロッドが回している車輪は「星の銀輪」といい、時間の流れをあらわしている。つまりアリアンロッドは時の女神だということだ。そしてケルトの妖精と女神の紹介本《図説妖精百科事典》によれば、アリアンロッドは糸つむぎの女神であり、北欧やギリシャの運命の女神、ノルニルやモイライ（→ p26）と同族だという。

　ウェールズの神話では、戦いのなかで死んだ者は、月の世界「マゴニア」へ渡ると考えられていた。このとき死者は、アリアンロッドの銀輪に乗せられて月へ渡ることになっている。このためアリアンロッドは、月の女神としても信仰された。

　アリアンロッドが住む場所は「カイル・アリアンロッド」という異界の塔だ。この塔では、死者が生まれ変わるまでの時間を過ごすほか、詩人がインスピレーションを求めておとずれたり、魔術師が魔法の手ほどきを受けるという。

処女神？　アリアンロッド、謎の出産

　アリアンロッドの神話での活躍は、ウェールズの神話をまとめた本『マビノギオン』（→ p185）に掲載されているが、不思議なことにその内容は、上で紹介した女神の特性とはあまりかみ合わない。

　『マビノギオン』の第四章「マソヌイの息子マース」の物語によると、魔法の力を持つ王マースは、戦いのとき以外は処女の膝に足を乗せていないと死ぬという呪いを受けていた。ところがそれまでマースが足を乗せていた乙女ゴイウェンが、マースの甥に陵辱され、処女を失ってしまう。マース王の危機に名乗りをあげ、その役目を引き受けようとしたのが、アリアンロッドだった。アリアンロッドが処女であることを確かめるため、マース王は地面に魔法の杖を置き、彼女に杖をまたがせた。するとアリアンロッドの股間から、双子の赤ん坊が産まれたという。

　神話では、このときアリアンロッドが出産した理由を明確に記述していない。研究者たちは、彼女が兄との性行為で妊娠していたとか、実際に処女だったが、マース王の魔術によって出産したなどと推測している。

ギリシャの星座には「かんむり座」というかわいい星座があるんですよ。ウェールズではこの星座、アリアンロッドさんが住むという異界の塔「カイル・アリアンロッド」だといわれているんですよ～。

illustrated by 下北澤鈴成

🌸 三位一体の女神モリガン 🌸

　ケルト神話には、三人一組の女神がたいへん多い。その代表格が 32 ページで紹介したブリギッドだが、ケルト神話にはこのほかにも「モリガン」という、三人一組の偉大な女神が登場する。
　ケルト神話の戦いの神は、男性よりも女性のほうが多い。モリガンはそのなかでも特に有名な戦いの女神で、歌で戦士たちの闘争心をかきたてたり、カラスに変身して戦場にあらわれ、戦士たちに残虐な行為をそそのかすのだ。

戦いの三女神「モリガン、バズゥ、マッハ」

　ケルト神話には、モリガンのほかにも、カラスに変身する戦いの女神「バズゥ」と「マッハ」がいるが、彼女たちは名前が違うだけでモリガンと同じ女神だと考えられることが多い。そのなかでもマッハは「何度も転生して神話にあらわれる」という面白い特徴を持っている。
　マッハは真紅のマントをまとい、一本足の馬に乗って戦場を駆ける赤毛の女神だ。ケルト神話では異なる時代にマッハと呼ばれる存在が合計 4 人登場するが、彼女たちは女神マッハが各時代の神や人間に転生した姿だと考えられていて、時代順に「第一のマッハ」「第二のマッハ」のように呼ばれている。このうちカラスに変身する神話があるのは「第二のマッハ」だ。
　もっとも新しい時代に転生した「第四のマッハ」は、神でも戦士でもなく農夫の妻だった。彼女は妊娠して出産間近だったが、アルスターという国の王に無理矢理乗馬勝負を挑まれ、双子を産み落とすと死んでしまった。この恨みから、マッハはアルスターの男性に「戦争が起きると力が出なくなる」という呪いをかけた。他国の侵略を防げないというアルスターの大ピンチを救ったのが、投槍ゲイ・ボルグで有名な英雄ク・ホリン（クー・フーリン）である。

> それにしても、ケルト神話って三人一組の神が多いわね。みんな寂しがりなのかしら？

> それはですねぇ、ケルトの人たちが、「3」を神聖な数字だと考えていたからですね〜。だから神様も三人一組にしたがるんです〜。
> 三人一組の神様を、「トリアッド」なんて呼ぶこともありますよ〜。

> へえ、なんかかっこいい名前じゃない！
> あ、そういえばわたしも、お姉様たちとあわせると三人組だったわね、よそのこと言えないわ。ケルトだけってわけじゃないのね。

> 日本だと、「三人寄れば文殊の知恵」なんて言葉があったりするね。
> うちの三兄弟も、寄って文殊になれば最高なのに、弟（スサノオ）が脳筋＆放浪癖持ちで、お姉さんいっつも手を焼いてるんだよねぇ。

ギリシャ Greece

この章で紹介するのは、世界でもっとも有名な神話のひとつ「ギリシャ神話」に登場する女神たちです。ギリシャ神話は非常に多くの女神が登場することで有名ですが、この本ではそのなかでも特に有名な女神、広く信仰されていた女神を、8組10柱紹介します。

illustrated by 粗茶

アテナ

ギリシャ神話

浮気相手に女神の天罰！
ヘラ

神族：オリュンポス神族　別名：ヘーラー、ユノ（juno）、ジュノー（juno）
出典：古代ギリシャの神話集『神統記』など

女性を守る、神々の女王

　ギリシャ神話の最高神「ゼウス」の正妻であるヘラは、結婚と出産、家庭などをつかさどる、女性の守護神だ。彼女は丈の長い衣服のうえにヴェールをまとい、頭には王冠をかぶっている。さらに、右手には最高神の妻という権威をあらわす王笏、左手に多産を意味するザクロの実を持った姿で描かれることが多い。

　ヘラは実の弟ゼウスの熱心な求婚にこたえて妻になったが、このゼウス、とんでもない浮気者だった。美女と寝るためなら努力を惜しまず、産ませた子供は数知れず。こうしたゼウスの行為に、ヘラはつねに怒りと嫉妬を燃やし続けている。

首だけになって帰ってきた巨人の死を悼むヘラ。18世紀イタリアの画家ヤコポ・アミゴーニの作品。彼女の左側にいるクジャクは、ヘラが使わすメッセンジャーだ。

　ギリシャ神話では、ヘラはゼウスが手を出した女性を徹底的に攻撃する、まるで悪役のような立場になっている。その攻撃は容赦なく、生まれた子供を八つ裂きにして巨人に食わせたり、陣痛を9日9晩続けて味あわせたり、相手を獣に変えたり……これらはあくまで一例に過ぎない。

　そもそも夫の愛を受けて子供を産むのは、正妻の正当な権利だ。妻の権利を侵害する者には、結婚の女神であるヘラから厳しい神罰がくだるのである。

ユノ様はいまでも現役

　イタリア半島で発生したローマ神話では、ギリシャの女神ヘラを、ローマ神話古来の出産と月の女神「ユノ」と合体させ、新しい女神「ユノ」として信仰していた。女神ユノの名前は、いまでもさまざまな場所に受け継がれている。

　もっとも有名なのは、英語で6月をあらわす言葉「June」だ。これはローマで、6月がユノの月だったことに由来する名前だ。6月の花嫁が幸せになれるという伝承が生まれたのは、6月が結婚の女神ユノの月だからだといわれている。

　また、現代の生活に欠かせない「お金」にもユノの痕跡がある。ヘラと合体した後のユノは、外敵の侵入を知らせる神「ユノ・モネータ」としても信仰された。ローマ人はユノに感謝し、彼女の神殿で貨幣を造ったという。現代の英語でお金をあらわす「money」という単語は、ユノ・モネータの「moneta」が由来である。

> 右のイラストを見てください、立派な月ですねぇ〜。月というとアルテミスさんを思い浮かべる人が多いと思いますけど、ヘラさんもローマではユノさんと呼ばれる月の女神なんですよ〜？

illustrated by るご

出戻り大歓迎！のベタ甘母娘
デメテル&ペルセポネ

神族：オリュンポス神族　デメテルの別名：デーメーテール、ケレス（ローマ神話）、エリニュス、テスモポロス
ペルセポネの別名：ペルセポネー、プロセルピナ（ローマ神話）、コレ、デスポイナ等

四季を作った母娘神

　女神デメテルとその娘ペルセポネは、ギリシャに四季を作った女神だ。ふたりは大変仲が良く、外見もうりふたつの母娘である。両者とも麦の穂のような美しい金髪で、わずかな違いは、デメテルが髪を結い上げ、ペルセポネが髪をおろしていることだ。

　ゼウスやヘラ（→p38）と同じ父母から産まれたデメテルは、農地を守り、穀物の実りを保証する女神である。彼女の名前も、出身地であるギリシャのクレタ島の言葉で大麦を意味する"dyai"と、母を意味する"meter"を組み合わせたものだ。（前半部は大地を意味する「de」からきているという説もある）

　デメテルとゼウスの娘であるペルセポネは、本来の名を"コレ"といい、地下世界「冥界」の王、ハデスと結婚してからペルセポネと呼ばれるようになった。彼女は、冥界の神であると同時に「春の女神」でもある。

イタリア南西沖のシチリア島にある、イズネッロ宮殿の壁画に描かれたケレス（デメテルのローマ名）。結い髪に麦の穂が飾られている。18世紀の画家、フランチェスコ・ソッツィの作品。撮影者：Bfez84

冥界にさらわれたペルセポネ

　死者の世界である「冥界」と「春」は、一見なんの関係もないように見えるが、神話『ホメロス風デメテル賛歌』を見ると、この疑問はすぐに氷解する。

　美しいペルセポネ（コレ）に一目惚れした冥王ハデスは、ゼウスの入れ知恵で彼女を誘拐した。娘を奪われたデメテルは絶望し、作物を実らせるのをやめてしまう。これに困った最高神ゼウスは、ペルセポネを地上に帰す約束をする。

　そこでハデスは、ペルセポネをだまし、ザクロの実を食べさせた。冥界の掟では、冥界の食物を食べた者は、冥界から出ることができなくなってしまうのだ。だが、彼女が食べたのはザクロ4粒だけだったので罪は軽くなり、ペルセポネは1年のうち4ヶ月だけを冥界で過ごし、残り8ヶ月は母の元に帰れることになった。

　娘が冥界に行くとデメテルは悲しみ、作物や植物は枯れてしまう。冥界から娘が帰ってくると、大地は喜んで花を咲き乱れさせる。そしてペルセポネが地上にいる3ヶ月のあいだ、穀物は豊かに実るのだ。これがギリシャに四季がある理由であり、ペルセポネが春の女神と呼ばれる理由でもある。

> デメテルさんたち母娘は、「トー・テオー（両柱の女神）」なんていって、いつもふたり一緒なんですよ〜。うちの娘のアテナは、なんでもひとりでやっちゃうから……親子で仲良しなのはうらやましいわ〜。

illustrated by 柏餅よもぎ

ちっちゃくたってお姉さん！
ヘスティア

神族：オリュンポス神族　別名：ウェスタ（ローマ神話）　出典：『神統記』など

ギリシャ屈指の控えめ女神様

　オリンピックの聖火の名前が「ウェスタの聖火」ということをご存じだろうか？ ウェスタとは、ギリシャ神話の女神ヘスティアの別名なのだ。

　女神ヘスティアは家庭で使われる火、そしてかまどや家族を守護する女神だ。ほかのギリシャの神々とくらべて、ヘスティアの外見を描いた絵や彫刻は極端に少ない。なぜならギリシャ人たちは、家庭にある「火」そのものをヘスティアとして信仰していたので、偶像を作る必要がなかったからだ。わずかに残るヘスティアの肖像などでは、彼女は若い外見の女性として造形されている。

　ヘスティアは、ゼウスやヘラたち6人兄弟の長女で、産まれた直後に父クロノスに飲み込まれた（経緯はp44参照）。長い年月の後、同様に飲み込まれた兄弟と一緒に救出されたが、最初に飲み込まれたヘスティアは一番最後に救出されたため、兄弟でもっとも若い外見になったという。若く美しいヘスティアには求婚者が絶えなかったが、彼女は最高神ゼウスに頼んで結婚を拒絶し、処女神となっている。

　良くも悪くも自己主張の強い6兄弟のなかで、ヘスティアは例外的に、優しく控え目な性格だ。若くて力のある神「ディオニュソス」に地位を譲るため、みずから「オリュンポス十二神」という尊敬される地位を降りた話は特に有名である。

ローマでは家庭と都市の中核に

　ヘスティアはローマに伝わって"ウェスタ"という名前になり、家族を重視するローマ人に篤く信仰された。ローマの街の中心には、街全体で共同利用するウェスタの採火場がある。ローマ人が新しい街を作ると、彼らは別の街のウェスタ神殿から聖火を運び、採火場に灯したのである。

　ローマでウェスタの聖火を守ったのは、「ウェスタの乙女」と呼ばれる神官たちだ。ウェスタの乙女になれるのは6～10歳の良家の娘だけで、女性でありながら高い地位を与えられていた。ただし戒律も厳しく、聖火を絶やすことなく維持し、処女神ウェスタにならって純潔を保ち、最低でも30年役目を務める必要があった。

採火場で供物を受け取るヴェスタ（ヘスティア）。ローマの共同採火場にはかならずヴェスタの神殿があった。1723年、イタリア人画家セバスティアノ・リッキの作品。

　はーいみんなー！　処女でないとNGだっていうウェスタの乙女さんたち、じつは権力者の愛人（聖娼っていうらしいよ！）だったって説があるんだよー。もしかして、戒律が厳しいのって秘密を守るためだったりする？

illustrated by 比良里

暴力ダンナに知略で反撃
レア

神族：ティタン神族　別名：オプス（ローマ神話）　信仰拠点：クレタ島（ギリシャ）

ギリシャ神話の偉大なお母さん

　ギリシャ神話の神といえば誰が思い浮かぶだろうか？　最高神ゼウス、海神ポセイドン、冥界神ハデスのほか、戦女神アテナ（→ p54）や月神アルテミス（→ p50）も有名だ。じつは今あげた神々は、全員がこの女神の子供、あるいは孫なのだ。ギリシャ神話の主要な神々の母親や祖母である「神々の母」の名前は、レアという。

　レアはゼウスの先々代の最高神「天空神ウラノス」と大地母神ガイアの娘である。彼女は山と獣を守護する女神で、自分の兄弟である農耕神クロノスと結婚し、6人の神を産んだ。それがゼウス、ポセイドン、ハデスの三兄弟と、本書でも紹介しているヘラ（→ p38）、デメテル（→ p40）、ヘスティア（→ p42）の三姉妹だ。

　のちの息子夫婦（ゼウスとヘラ）と同じように、レアとクロノスの夫婦関係も最悪だった。不仲の原因は、クロノスが子供たちにひどい仕打ちをしたからだ。

　かつてクロノスが父のウラノスから最高神の座を奪ったあと、彼は両親から「自分の子供に権力を奪われる」と予言された。クロノスはこの予言を恐れ、妻のレアが産んだ子供たちを、次々と丸飲みしてしまったのだ。子供を夫に飲み込まれたレアは、6人目の子供を妊娠すると、夫クロノスに隠れて出産。クロノスには子供のかわりに、赤ん坊と同じくらいの重さの石を渡して飲み込ませた。赤ん坊は神々に見守られながらすくすくと成長すると、策略で兄弟を救い出し、やがてクロノスを倒した。この子供こそ、現在のギリシャ神話の最高神ゼウスなのである。

クレタ島のレア信仰

　レアはギリシャ古来の神ではなく、元々はギリシャの南にあるクレタ島の女神だったと考えられている。クレタ島には「母と引き離されて育つ子供神」の神話があったため、クレタの母神はゼウスの母親としてギリシャの神話に取り込まれ、レアという名前で信仰されるようになった、というのが有力な説だ。

　そのためクレタ島ではレア信仰が盛んで、古代のクレタ島では毎年、武装した戦士たちが、たがいの槍や盾を打ち合わせる祭りが行われていた。これは、神話のなかでレアにゼウスを託された戦士が、ゼウスの泣き声をクロノスに聞かれないために、武器を叩く音をたててごまかしたという物語が元になった儀式である。

　ちなみにレアはライオンを連れた姿で描かれることが多いが、これは 82 ページで紹介する女神「キュベレ」を参考にして生まれた特徴らしい。

> ゼウス様を飲み込ませない大作戦を考えたのは、じつはレアさんのお母さん、大地母神のガイア様なんです〜。ガイア様はわたくしのひいおばあさまです。かしこくて強い女神様ですよ〜。

illustrated by フジヤマタカシ

一目で悩殺！ラブとエロスの女神様
アプロディテ

神族：オリュンポス神族　別名：アプロディテー、ウェヌス（ローマ）、ヴィーナス（英語）、キュレテイア（フェニキアの島の名前）　信仰拠点：キプロス島　出典：『神統記』など

ギリシャの恋物語の演出家

　教科書にも載っている右の絵画を知らない人はいないだろう。この絵画は、ローマ神話の美の女神「ヴィーナス」が海の中から生まれる様子を描いたものだ。ヴィーナスとはイタリア半島のローマでの呼び方で、本来のギリシャ神話では「アプロディテ」と呼ばれている。日本では「アフロディーテ」と表記されることも多い。

15世紀イタリアの画家、サンドロ・ボッティチェッリの作品「ヴィーナスの誕生」。イタリア、フィレンツェのウフツィ美術館収蔵。

　アプロディテは美と愛と春の女神で、男女の肉体の結びつきを担当する神だ。彼女は娼婦の守護神であり、作物の実りや、航海の安全を保証する神でもある。

　ギリシャ神話の物語群には男女の恋を描いたものが非常に多いため、愛の女神であるアプロディテは、物語の名脇役として多くの物語に登場する。彼女の「愛の女神」としての力を象徴するアイテムが、彼女が巻きつけている腰帯だ。この腰帯には特別な力があり、腰帯を巻いた女性に誘惑された男性は、神も人間も、抵抗しがたい愛情と性的な欲望にとらわれるのだ。この腰帯はアプロディテが使うだけでなく、ほかの神々にも貸し出されて、物語のなかで便利に使われている。たとえば神々の女王ヘラは、夫である主神ゼウスが、地上で進めている自分の悪巧みに気づかないようにするため、アプロディテから借りた腰帯でゼウスを誘惑して、ヘラ本人以外のことに目が向かないようにした。

　愛の女神であるアプロディテは、神とも人間とも愛を交わし、数多くの子供を産んでいる。ただし彼女は独身ではなく、ヘパイストスという鍛冶神を夫としていた。ヘパイストスは神々のなかでも容姿が醜いことで有名で、夫の側から見ても妻の不倫が日常茶飯事だったので、夫婦仲はよくなかったようだ。

アプロディテの起源

　アプロディテが初めてこの名前で呼ばれたのは、地中海の東端、トルコの南に浮かぶキプロス島だ。それ以前の彼女は、地中海の東側の海を本拠地とする海洋民族「フェニキア人」の神だったと考えられている。アプロディテが航海の神なのはそ

あ、このちっちゃい天使みたいな子見たことあるよ、キューピッドって子だよね？　この子もアプロディテさんの部下なんだ〜。え、名前が違うの？　うん、ギリシャでの名前は「エロス」……やだっ、エロスぅ!?

illustrated by Pikazo

のせいだ。さらに古い時代では、中東やトルコで広く信仰されていた、本書でも紹介するイナンナ（→ p88）やキュベレ（→ p82）と同種の大地母神だったらしい。イナンナとの共通点は異性を魅了する魔法の腰帯に、キュベレとの共通点は「植物の神（アプロディテの神話ではアドニスという美少年）が死に、女神の力でよみがえる」という神話に見てとれる。

このようにアプロディテはアジア起源の女神なのだが、ギリシャ神話のなかでは、あくまでギリシャの世界で生まれた神としている。アプロディテの出生について、古来のギリシャ神話では「最高神ゼウスと、出自不明の女神ディオネの娘」ということになっていたが、この設定には人気がなく、古代ギリシャのなかでも比較的新しい時代に、別の内容の神話が作られた。その内容は、彼女の名前がギリシャ語で「泡」を意味する「アプロス」に近いことを利用した言葉遊びである。

その神話によれば、ゼウスの祖父である先々代最高神ウラノスが、息子の反乱で男性器を切り落とされた。この男性器は地中海に投げ捨てられるのだが、このときにできた海の泡からアプロディテが生まれたという。前のページで紹介した絵画は、このときのアプロディテの誕生シーンを描いたものだ。

ローマのウェヌス

アプロディテは紀元前2世紀頃にローマに伝わり、元々ローマで信仰されていた草木と庭園の守護神「ウェヌス」と同化した。

ギリシャ人は純潔を尊ぶ傾向があったので、性的に奔放なアプロディテの信仰は、物語での活躍に比べるとそれほど盛んではなかった。ところがローマでは、彼らがギリシャ人より性的に奔放だったことだけでなく、ローマの建国者の先祖がウェヌスの子供だという神話が信じられたため人気が高まり、ローマ人の信仰のなかで非常に重要な役どころを占めるようになったのだ。

ローマでは、女神の特定の側面を強調したり、その分野に特化した加護を求めるために、女神の名前のうしろに「添え名」をつけることがある。ウェヌスは特に多くの添え名を持つ女神で、以下のような特色のある種類があった。

- **ウェヌス・ゲネトリクス**：母なるウェヌス。母性と家庭の守護者であり、ウェヌスの子孫といわれる独裁者ジュリアス・シーザーは彼女のために神殿を造った。右肩から右胸にかけて薄布をまとった姿で彫刻される。
- **ウェヌス・エリュキナ**：エリュクス山のウェヌス。イタリアの西に浮かぶシチリア島で、娼婦の女神、不純な愛の守護者として信仰された。
- **ウェヌス・ビクトリクス**：勝利者ウェヌス。アプロディテの戦神としての能力を引き継いだもので、武装したウェヌスの姿で表現される。
- **ウェヌス・カリピュゴス**：お尻の綺麗なウェヌス。右肩越しに振り返って地面を見ている構図で、丸出しにしたお尻の形が美しく見えることで人気がある。上のシチリア島の主要都市シラクサで信仰された。

🌷 トイレの女神クロアキーナ 🌷

> 美の女神ヴィーナスさんは、綺麗になりたい女の子の味方ですよ～?
> スクルドちゃんはモテモテですけど、どんなところに気をつかってます?

> やっぱりよく寝てよく食べることかな?
> 化粧品とか服とかより、そっちのほうが大事よね!

> 快食快眠おおいに結構だけど、残念ながらひとつたりない!
> 快食快眠と来たら、次は快便でしょ!
> 毎朝の快適なウンチタイムこそが美の秘ケツ!

> なんでバッチイ話に移るのよー!!

> ウンチと美のことはアマテラスさんにお任せしてですね～?
> ヴィーナスさんの側面のなかには「トイレの女神」っていう役目もあるんですよぉ。それがウェヌス・クロアキーナなんです～。

　ローマ神話の美の女神ウェヌスの一側面である「ウェヌス・クロアキーナ」は、トイレの女神として知られている。
　「トイレの女神」という表現には誇張があり、実際は「下水道の女神」と呼ぶのが適切だ。彼女は古代ローマの地下にある巨大下水道「クロアカ・マキシマ」と、それを中心にした下水システムの守護神なのだ。この下水道は浴場や公衆便所に直結しているので、トイレの女神という表現も間違いではない。
　ちなみに彼女には、下水道を守護するだけでなく、清潔と不潔を表現したり、夫婦の性行為が正しく行われるよう守護するという意外な特徴もある。

元々ウェヌスとは無関係

　元々クロアキーナは、隣国「エトルリア」の神だった。言い伝えによれば、下水道の建設中、エトルリア人の作業員が地中からクロアキーナの像を掘り当てる。このことから彼女は下水道の守護神になったそうだ。
　のちにクロアキーナは、ギリシャからやってきたアプロディテ=ウェヌスと合体し、ウェヌス・クロアキーナに変化する。風呂好きで清潔好きな古代ローマ人にとって、クロアキーナは重要な神だった。ちなみに紀元前500年ごろに作られたクロアカ・マキシマは、近代化されながら現役で活躍している。下水道完成から2500年、ローマ帝国滅亡から1500年もの時間が過ぎたが、彼女は今でも下水道を守り続けているのかもしれない。

エッチな男は弓矢で抹殺
アルテミス

神族：オリュンポス神族　信仰拠点：デロス島（ギリシャ）
別名：ディアナ（ローマ神話）、イオケアイラ

逆境をはねのけ生まれた双子神

　ギリシャ神話では、太陽と月の神は男女の双子だった。姉である月の女神はアルテミス、弟の太陽神はアポロンという。アルテミスは丈の短い服を愛用し、鹿や熊などの動物たちと野山を駆け回る狩りの女神でもある。

　アルテミスとアポロンの姉弟は、最高神ゼウスが、愛人の女神レトに産ませた子供だ。この姉弟の美しさはきわだっていて、出産前から「ヘラ（→ p38）の子供より美しく聡明な双子が生まれる」と予言されていた。

　ゼウスがまた浮気をして子供を産ませ、しかもその子供がヘラ自身の子供より優秀とあっては、ヘラの正妻としての立場がない。ヘラはレトが出産できないように徹底的に妨害したが、ほかの神の助けもあってレトは、アポロンとアルテミスを出産した。このとき先に産まれたアルテミスは、出産後すぐにアポロンのお産を手伝ったことから、以降「出産の女神」として篤く信仰された。

1～2世紀頃にローマ帝国で作られたアルテミスの彫像。丈が短く動きやすそうな衣をまとい、背中の矢筒に手を伸ばしている。ルーブル美術館収蔵。

アルテミスの幅広い才能

　アルテミスは、ギリシャ神話の女神のなかでも、特に幅広い特徴を持つ女神だ。処女神、狩り、出産、獣の守護神など、その幅広さは戦神アテナに匹敵する。

・処女神アルテミス

　「処女神」とは、最高神ゼウスによって、永遠に処女でいることを許され、保証された女神のことだ。本書の女神ではアルテミスのほかに、ヘスティア（→ p42）、アテナ（→ p54）が処女神の許可を持っている。彼女は父と弟アポロン以外の男性とかかわりを持たず、山の精霊ニンフたちを従え、野山で狩りを楽しんでいる。

　アルテミスの処女性を侵そうとする者にはてひどい罰が与えられる。たとえばアルテミスの水浴びをのぞいてしまった青年アクタイオンは、怒ったアルテミスに鹿に変えられたのち、アルテミスがけしかけた犬に食い殺された。

　アルテミスが男性と積極的にかかわった唯一の例外といっていいのが、のちに星座になったことで有名な人間、狩りの名人のオリオンだ。アルテミスはオリオンに

> 男子諸君、ちゅーもーく！　男に冷たいアルテミスちゃんだけど、「童貞の男の子」だけは守護してくれます！　ただし、もちろんエッチい妄想とかしたら即グサリなので注意ね！

illustrated by さとーさとる

恋をして、ともに狩りを楽しむようになるが、姉の心変わりに嫉妬したアポロンが、海を泳ぐオリオンを丸太と勘違いさせて、弓の腕試しと称してアルテミス自身に射殺させてしまう。これ以降、アルテミスが恋をする話は伝わっていない。

・弓の達人アルテミス

　アルテミスとアポロンは狩りの神であり、弓の達人でもある。この弓は狩りの獲物だけでなく、モンスターや人間に向けられることも多いのだ。彼女は非常に誇り高く、母親思いの女神なので、自分や母親を馬鹿にしたり危害を加える者に対しては、いっさい容赦をしない。そんなときアルテミスは、愛用の黄金の弓から矢を放ち、死をもって相手の行動に報いるのだ。このため現実世界のギリシャでは、女性が原因不明の突然死をすると「アルテミスの矢に撃たれた」ものと考えた。ちなみに突然死したのが男性だった場合、アポロンの矢に撃たれたと考えたようだ。

・月の女神アルテミス

　現代ではアルテミスと聞くと「月の女神」を連想する人が多いが、じつは本来のアルテミスは、月とはまったく関係のない女神だった。

　アルテミスが月の女神になったのは、ギリシャで初めて神話を体系的にまとめた本『神統記』よりも200年以上新しい、紀元前5世紀以降だと考えられている。このころのギリシャでは、アルテミスの双子の弟であるアポロンに太陽神の属性をつけ加える運動がさかんに行われていた。そのため姉であるアルテミスも、太陽と関係の深い「月」の女神だと考えられるようになったのだ。

アルテミスの源流とその後

　アルテミスはギリシャ古来の神ではない。そもそもギリシャ人が現在のようなバルカン半島の先端に住み着いたのは、紀元前15世紀前後からで、元々そこには別の民族が住んでいた。アルテミスはこの先住民族が信仰していた女神なのだ。

　北からやってきたギリシャ人は先住民族を征服するが、彼らが信仰したアルテミスを滅ぼすことはせず、ギリシャ人好みの女神に作り替え、自分たちの神話に組み入んだ。処女神であるアルテミスが出産を守護したり、本来なら大地母神の領域である野山を守護しているのは、アルテミスの原型になった「母なるアルテミス」の性質が生き残った結果だと思われる。

　その後、アルテミス信仰は紀元前6世紀頃にローマに渡り、彼女はローマの女神ディアナと合体した。ローマで語り継がれたディアナの神話は、ほとんどがアルテミスの名前をディアナに変えただけの内容になっている。

ギリシャの対岸にあるトルコ領の街エフェソスで発掘された、ギリシャ化する前のアルテミス像。胸のところにある無数のふくらみは、無数の乳房、あるいは牛の睾丸を模したもので、多産の象徴である。撮影者：Dorieo21

🌺 神々の「不死」と「死」 🌺

百年弱の寿命しかなく、傷つけばすぐ死んでしまう人間と違って、神話に登場する神々は強靭な体と長い寿命を持っていることが多い。

ただし神々がどのように老い、どのように死ぬのか（あるいは死なないのか）は、神話によってだいぶ違いがあるようだ。

各神話の神々は不老か？　不死か？

神話名	神々は不老か？	神々は不死か？	不老や不死、復活に必要なもの
ギリシャ神話	不老	不死	神の食べ物アムブロシアで不死となる
北欧神話	条件付き不老	普通に死ぬ	不老のためには継続的に黄金のリンゴを食べる
エジプト神話	不明	死ぬが復活可能	復活には正常な肉体と神の魔法が必要
シュメール神話	不明	死ぬが復活可能	復活には「生命の水」が必要
インド神話	寿命は兆年単位	不死	アムリタという飲み物で不死性を得る
日本神話	不明	普通に死ぬ	―

北欧神話には、神々が不老を維持するために、特別な食べ物（黄金の林檎）を継続的にとらなければいけないという独特の要素がある。同じように食物で不死性を得るギリシャ神話やインド神話には、継続的にアムブロシアやアムリタを摂取しなかったせいで神が死ぬという物語は見あたらない。

あら？　メティスさんがロボから降りてるなんてめずらしい。メティスさーん、今日はいったいどうしたんですか、ひなたぼっこ？（メティスの正面に回り込んで）

（だら～ん）

いや～‼　メティスさん、死、死んで……ばたり。

（横から出てきて）スクルドちゃん呼びました～？　あら、お昼寝中。それにしても、この「蛇の不老不死薬」は効果抜群ですねぇ、全身の皮がぺろりとむけて、お肌がすべすべになりましたよ～。

150ページの『ギルガメシュ叙事詩』にも出てくる薬は伊達じゃないね。蛇って昔から「脱皮→若返り→不老不死」の連想ゲームで不死扱いだったから……ってメティスさん、その皮、どうみても首吊り死体だって。

なんでもできちゃう天才女神
アテナ

神族：オリュンポス神族　別名：アテーナー、ミネルウァ（ローマ神話）、パラス
信仰拠点：アテナイ市（ギリシャ）

パパから産まれた女神様

　女神アテナは、最強の戦士でもある最高神ゼウスと、知恵の女神メティスのあいだに産まれた。両親の長所を受け継いだアテナは、戦争、学問、技術などをつかさどる文武両道の万能神となった。

　アテナの誕生は衝撃的な手法で行われた。彼女は母メティスの子宮からではなく、父ゼウスの頭にできたコブから産まれてきたのだ。

　ゼウスが正妻ヘラと結婚するより前のこと。最初の妻となった知恵の女神メティスが妊娠すると、ゼウスは祖母ガイアから「ふたりの子供は聡明で勇敢に育つ。それが男子なら、その力は父を上回り、神々と人類の主となる」という予言を受けた。自分の地位を奪われることを恐れたゼウスは、妊娠中のメティスを丸呑みにして問題を回避した。

　それから長い年月がたち、ゼウスが父を倒して最高神となって、ヘラと結婚したあとのこと。ある日ゼウスは猛烈な頭痛に襲われ、息子に命じて自分の頭を斧でかち割った。するとそこから、凛々しくも美しい、鎧兜をまとった少女が産まれ出る。彼女こそメティスの娘、女神アテナその人である。アテナはゼウスの体内で長い年月を過ごしすぎたため、産まれたときには肉体も精神も大人になっていたのだ。

アメリカのマサチューセッツにあるアテナ（ミネルウァ）像。兜と槍、アイギスの胸当てという典型的なアテナの姿を造形したもの。撮影者：Twp

万能の女神アテナ

　古代ギリシャの絵画では、アテナはほかの女神と同じく薄布をまとったうえに、飾りのついた兜、槍、円形の盾、アイギスという胸当てを身につけた姿で描かれる。

　彼女の神としての特徴は、まずヘスティアやアルテミスと同じく、ゼウスに公認された処女神であること。そしてあまりにも多くの分野を守護する神であることだ。アテナが守護する分野は多岐にわたるが、以下の3つが特に有名だ。

・戦争の女神アテナ
　生まれたときから完全武装していただけあって、アテナはギリシャで特に有名な戦いの神だ。神話のなかでもアテナはギリシャ屈指の強い戦士であり、ギリシャ神

> えっ、アテナ様って処女なのに子供がいるの!?　えっと、鍛冶の神様がアテナ様の足に……えー、せーし（！）をかけて、それが地面に落ちて子供が生まれたのね……それってアテナ様の子供でいいのかしら？

話最強の武器であるゼウスの雷霆(らいてい)を使うことを許されている。

彼女が特に得意なのは、都市を守るための防衛戦争である。古代ギリシャの都市群は「ポリス」と呼ばれ、ひとつの都市がひとつの国家(ポリス)として機能していた。アテナは都市(ポリス)を守る戦争の守護者としておおいに信仰された。

・技術と芸術の女神アテナ

アテナは非常に頭のいい女神で、さまざまな職人技や芸術を守護していた。なかでも、織物や糸つむぎなど、女性の仕事はアテナの守護下にある。そのほかにも馬の飼育、造船、航海術、建築、木工、金属加工、靴、ペンキなど、アテナが守護する技術はあげればきりがないほどたくさんある。

・英雄の守護者アテナ

神話のなかでアテナが果たすもっとも大事な役割は、英雄たちの導き手だ。彼女はゼウスの従者だった勝利の女神「ニケ」（→p58）をゆずり受け、ともに英雄たちの前にあらわれ、勝利の加護と助言を授けるのである。

ギリシャ神話の英雄は、アテナの陣営に敵対しない限り、ほとんどがアテナの加護を受けている。なかでも特に目をかけられていたのが、メドゥーサ（頭髪がヘビで、見た者を石化させる怪物）退治の神話で知られるペルセウスだ。アテナは彼に助言と援助を続け、見事にメドゥーサを退治させた。このときペルセウスが切り取った、石化能力があるメドゥーサの首は、彼女の胸当て「アイギス」に取り付けられ（前ページ写真参照）、アイギスをより鉄壁の防具に仕立てている。

アテナの源流と、都市「アテナイ」

女神アテナの原型は、古代ギリシャ人がいまのギリシャ地方に侵攻してくる（→p52）より昔から、ギリシャの中部、北部で信仰されていた軍神がひとつにまとまったものだという説が有力になっている。

アテナ信仰がもっとも盛んだったのは、現在のギリシャの首都アテネにあたる古代都市国家、アテナイ（「アテナの（都市）」という意味）だ。このアテナイの中心部にある世界遺産「パルテノン神殿」は、アテナのために造られた神殿である。

パルテノン神殿の写真。パルテノンとは、意味を分解すると「パラス・アテナの神殿」となる。パラス・アテナとはアテナの別名で、処女神アテナという意味だ。撮影者：Tetraktys

ローマでのアテナ

ローマでは、アテナはローマの女神ミネルウァと合体し、ミネルウァの名前で信仰された。アテナがイタリア半島に渡るのがあまりにも昔（紀元前8世紀。ローマの建国前）だったため、元々のミネルウァがどんな神だったかはわからない。彼女はローマで、数多くの分野のうち軍事、工匠、詩歌、医術の属性を重視された。

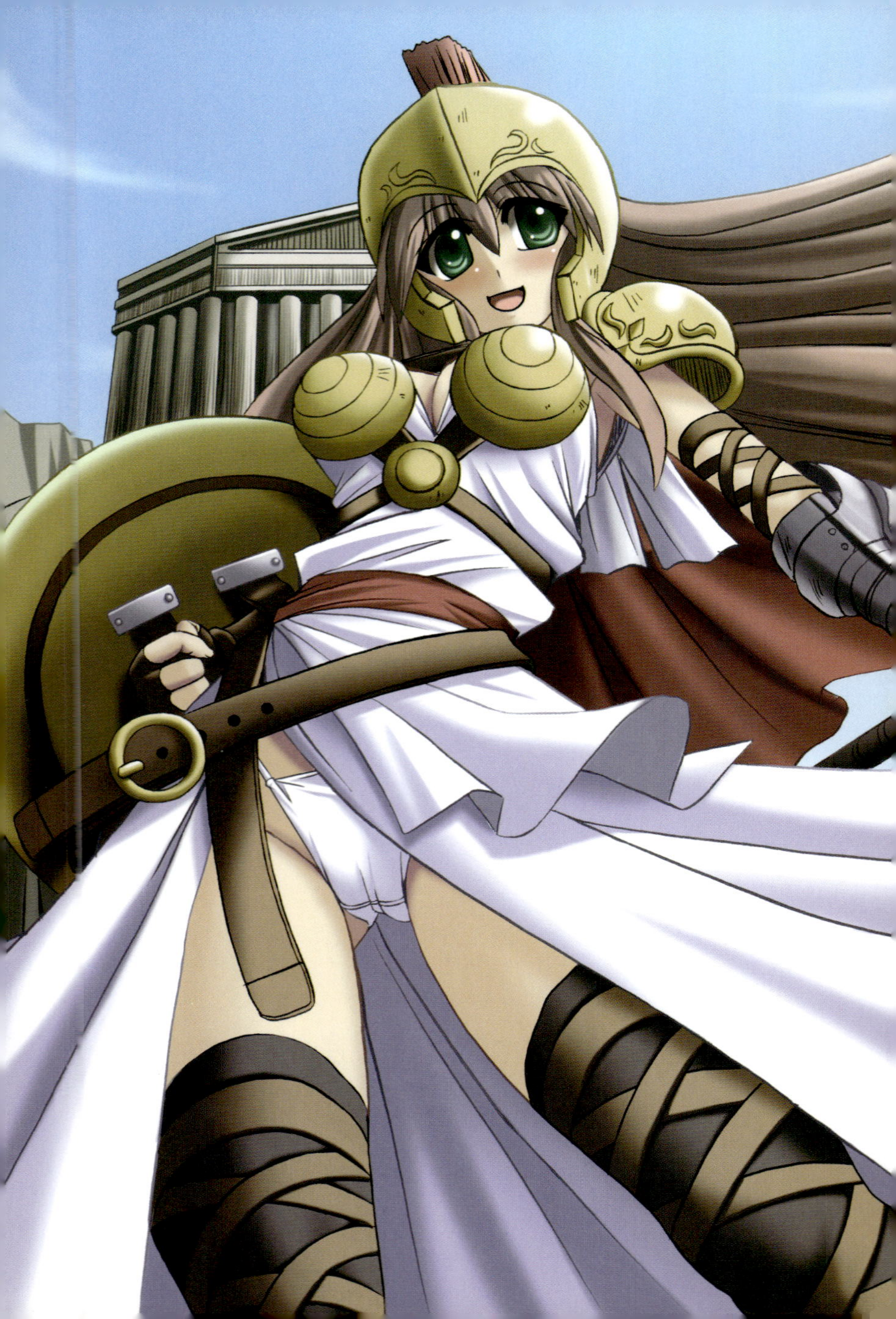

illustrated by とんぷう

勝利も神罰も天から降りてくる
ニケ&ネメシス

ニケの別名：ニーケー、ウィクトリア（ローマ名）　ネメシスの別名：アドラステイア（逃れえぬ者）
神族：ティタン神族（ニケ）／不明（ネメシス）

その名はズバリ「勝利」をあらわす

　ギリシャ神話には、まるで天使のように、鳥の翼を持つ神がいる。有名なのは、射た者を恋に落ちさせるキューピッド「エロス」だが、ほかにも勝利の女神「ニケ」と、復讐の女神「ネメシス」がいる。
　ニケとは古代ギリシャ語で勝利を意味する言葉で、女神ニケは、勝利という概念に人格を与えた神である。彼女は色白な体に純白の翼と、美しい金髪を持つ女神だ。片手に花輪、もう片手に棕櫚という木の枝を持ち、勝利者の頭上に冠をかかげる。

イタリア北部にあるノヴァラ大聖堂の彫刻。勝者に月桂冠をさずけるニケが造形されている。撮影者：Twice25 & Rinina25

　ニケは元々、最高神ゼウスのライバルであるティタン神族（→ p164）の出身だったが、ゼウスの愛娘アテナの従者となり、英雄たちに加護を授けたり、スポーツにおける勝利の女神となっている。

復讐？　嫉妬？　いいえ、神罰です

　もうひとりの翼を持つ女神、ネメシスは、リンゴの木でできた車とムチを持った姿で描かれる。車は変わり続ける運命を、ムチは人間をこらしめる武器をあらわす。
　一般的にネメシスは「復讐の女神」と呼ばれることが多いが、これは正しいとは言えない。彼女は節度を守らない人間を罰する、神の怒りの体現者なのだ。「神の怒り」といえば聞こえはいいが、怒りの内容は嫉妬や八つ当たりに近い場合もある。
　ギリシャ神話において神が人間に怒りを感じるのは、まず「人間が道徳を無視したり、神を馬鹿にしたとき」。もうひとつは「人間があまりに幸せすぎるとき」だ。そのため過分な幸運が舞い込んだ人間は、ネメシスにお供え物をして、神が嫉妬して神罰をくださないように祈るという。ネメシスは絵画などで、閉じた唇に人差し指を当てた「シーッ」のポーズで描かれることがある。これは人間に対して、余計なことを言って神の怒りを招かないようにしなさいと教えているのだ。
　また、ネメシスは幸運の女神テュケとともに、運命の三女神モイライ（→ p26）の部下として、人間の運命を管理する役目もある。ネメシスは、気まぐれに幸運と不幸をばらまくテュケの後始末役として、幸運にのぼせた者から運を吸い取り、不幸にあえぐ者にそれをわけ与えてくれる公平な女神でもあるのだ。

> ニケちゃんはギリシャ神話の神様としてはあんまり有名じゃないけど、みんなは別の形で絶対知ってるはず。有名なスポーツ用品メーカーの「ナイキ」は、ニケちゃんの名前を英語読みしたものだからね！

illustrated by 湖湘七巳

青春の女神「ヘベ」

　北欧の神々は、女神イズンのリンゴ（→p18）のおかげで若さを保っている。では、同じように神々が老いることのない、ギリシャ神話の場合はどうなっているのだろうか？
　ギリシャ神話の神々の若さを保つ役割を担っているのは、ゼウスとヘラ（→p38）の娘である、若さと青春の女神「ヘベ」だという。

・女神ヘベとは？

　ヘベ（ヘーベー）は、青春、若さ、処女の初々しい美しさの化身である。彼女には「あらゆるものを若返らせる」という能力があって、神話では、敵軍と戦うために「1日だけ若返らせてほしい」という英雄の願いを聞き入れ、若返らせたこともある。また、彼女に気に入られれば、永遠の若さを手に入れることも可能だという。

・転んでクビなドジっ子女神

　神々の世界で、ヘベにはふたつの役目が与えられていた。ひとつは母親であるヘラをはじめ、ほかの神々の世話係。もうひとつは、宴会のときなどに、不老不死の霊薬である神酒ネクタルや、神の食物アンブロジアを捧げる給仕役だ。
　しかしヘベは、自分の不手際で給仕役を解任されている。あるときヘベは、宴会の席で転び、「みっともない姿」「あられもない姿」を神々に見せてしまった。ゼウスはこのことに怒り、ヘベを解任して、美少年として有名なガニュメデスにその役目を与えたのだ。

本日の商品はコレ～！
青春の女神ヘベ印の神の食べ物アムブロシアです～！

英雄アキレウスさん
人間に塗れば不死身の英雄に！
馬が食べれば天空を駆け！
太陽神アポロンの馬

女神ヘラさん
清楚な若妻に早変わりです～！
お肌に塗ればトウの立ったおばさまも……

なんにでも使える万能食品アムブロシア 今なら神酒ネクタルを無料でおつけして……
メティスさ～ん！うしろうしろ～！
ご注文はこちら
0120-○○○○-××××

アフリカ Africa

アフリカ大陸でもっとも有名な神話は、ピラミッドやヒエログリフなどで有名な「エジプト神話」です。この章ではエジプトで信仰されていた女神たちを中心にしつつ、アフリカ大陸中部の黒人部族が信仰していた女神なども紹介していきます。

illustrated by 粗茶

イシス

苦労人ママは世界の人気者
イシス

別名：アセト（古代エジプト語）　信仰拠点：北エジプト、セベニントス
出典：『オシリスとイシスの神話』など

エジプト神話

王を支える良妻賢母

　エジプト神話の有名な女神「イシス」の名前は、じつはギリシャ語である。エジプトでは彼女は「アセト」（座席という意味）と呼ばれ、最高神を補佐する女神だった。彼女が補佐する最高神とは、夫である豊穣の神オシリスと、息子である天空神ホルスのことである。3000年以上の歴史を持つ古代エジプト王朝では、ファラオの信じる宗教が変わるたびに、最高神の座が何度か代替わりしてきたが、イシスは夫と息子の2代にわたってその支配権を支えた重要な補佐役だった。

紀元前14世紀の壁画。イシスの壁画は、彼女がイシスであることをあらわすため、頭に座席をつけた姿で描かれる。手に生えたトンビの翼は、オシリスの遺体を探すために魔法で生やしたものだ。

　神としてのイシスは、夫と同じく大地の豊穣を担当するほか、結婚の制度、穀物を粉末にする技術、亜麻糸をつむいで布を織る技術などを人間に伝えたという。そのほか、神話のなかでは魔法の使い手として知られ、何柱もの神々を死の淵から救いあげた。彼女が医療の神としても信仰されたことは言うまでもないだろう。

　また別の神話では、先代の最高神である太陽神ラーの娘と設定され、魔力と計略で老いた父から権力を手に入れる策謀家としても描かれている。

世界に認められたイシスの母性

　元々イシスは、エジプト北部の一都市で信仰される地方神でしかなかった。彼女がオシリスとともにエジプト神話世界の支配者にまでのぼりつめたのは、この夫婦が民衆にもたらす「作物の実り」などのわかりやすい御利益と、家族のために尽くしたイシスの感動的な神話によるところが大きい。

　のちにエジプトの代表的な神話となった『オシリスとイシスの神話』は、エジプトの支配者だったオシリスが弟のセトに殺され、イシスはセトの妨害に耐えながら、バラバラになったオシリスの遺体を集めて復活させる。その一方で、魔法によってオシリスとの息子ホルスを産み、夫の仇であるセトを倒させるという内容だ。

　この神話に感動したのはエジプト人だけではなかった。イシスの神話は地中海をわたってヨーロッパ中に広まり、ギリシャやローマの神々に混ざって信仰された。彼女の神話は、キリスト教の聖母マリア信仰の土台になったともいわれている。

　この壁画のイシスさん、なんでほかの壁画と頭の上のマークが違うのかしら。……なになに、弟のセトに首を切られたから、かわりの頭をつけた姿なのね。なんかどこかで似た話を聞いたような……あ、ア●パ●マン？

illustrated by 黒葉.K

ヌウト&ハトホル

朝日の赤は鮮血の赤

ヌウトの別名：ヌト　ハトホルの別名：ヘウト＝ヘル（エジプト読み）、セクメト
出典：ヘリオポリス神話など

太陽を産んだ天空の母

　ヌウトとハトホルは、どちらも頭に"太陽をはさんだ角"を生やした姿で表現される、天空の女神だ。ふたりは非常によく似た性質を持つので、神話の種類によっては同じ女神だと考えられたり、親子（ヌウトが母親）の設定になっている。

　女神ヌウトは、エジプト神話のなかでもっとも有名な神話「ヘリオポリス神話」で、天空そのものだと考えられていた。彼女は大地そのものである男神「ゲブ」と夫婦だが、年中抱き合って過ごしていたので、世界は空と大地が混じり合う混沌とした状態になっていた。ヌウトの父である大気の神シュウはこの状況に怒り、ふたりを引き離す。こうして世界は、空と大地が離れた正常な状態になったのである。

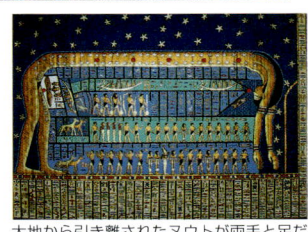

大地から引き離されたヌウトが両手と足だけで地面に接している。この壁画では太陽を食べて出産するサイクルも描かれている。

　空に浮かぶ太陽、月、星などはすべて、天空神であるヌウトの子供だ。神話によると、夜になると太陽が見えないのは、ヌウトが太陽を食べてしまうからだという。太陽はヌウトの胎内で新しい命に生まれ変わり、朝になると出産される。朝焼けの空が赤く染まるのは、子宮から出たヌウトの血が空に広がるからなのだ。

2面性を持つ女神

　ヌウトと同じ姿で描かれる天空神ハトホルは、ファラオの守護者として知られる至高の太陽神ラーの妻、あるいは娘であり、王権を守る重要な女神だ。さらにハトホルは、ヌウトと同じ天空だけでなく、多産、母子の守護、死者の復活、踊り、音楽、愛など、女性的な善行のすべてを体現する女神だった。

　一方でハトホルには"血に飢えた破壊神"という側面もある。破壊者となったハトホルは「セクメト」という名前で呼ばれている。

　ある神話では、人間の傲慢に怒った太陽神ラーが、セクメトに人類抹殺を命令する。ラーはすぐに気が変わって人類抹殺をやめさせようとするのだが、セクメトは命令を聞こうとしない。そこでラーは、ビールを赤く染めてエジプト中にぶちまける。赤い酒を血の色と勘違いしたセクメトは、酒と殺戮の充足感に酔いつぶれ、人類抹殺はかろうじて回避されたという。

> エジプトの最高神には、太陽神のラーさん、前のページのオシリスさんやホルスさんなどがいます。どの都市出身の人がファラオになったかで、その時代の最高神が決まるんです。くわしくは153ページへGOですよ～！

illustrated by けいじえい

秩序の重さは何グラム？
マアト

別名：メアアート　出典：エジプトの宗教概念全般

エジプト神話

概念が人の姿をとった女神

　女神マアトは、「秩序」（マアト）という概念そのものに人間の姿を与えた存在だ。壁画やヒエログリフ（エジプトの絵文字）では、マアトは頭にダチョウの羽をつけた女性、あるいはダチョウの羽そのものの姿で描かれる。

　古代のエジプト人は、秩序（マアト）のことを、神々が力を使うためのエネルギーのようなものだと考えていた。神々が力をふるうことで消費されたマアトは、人間たちが秩序ある生活をすることで蓄えた"秩序"を、ファラオ（王）を通じて神に捧げることで補充されるのだ。神々のマアトが足りなくなると、エジプトのバランスは崩れ、天変地異が起きたり、他国にエジプトの領土が侵略されることになる。

　最初に説明したとおり、女神マアトは、この「マアト」というエネルギーに女性の姿を与えただけの存在である。そのためマアトは、神話のなかで、イシス（→p62）やハトホル（→p64）のように人格のある神として描かれることがない。

死者の天秤

　エジプト神話初期のマアトは、ファラオがエジプトを支配する理由を説明するために信仰された神であり、民衆にとっては遠い神だった。ところが、民間レベルで冥界神オシリス（→p62）への信仰が盛んになると、マアトもオシリス信仰に組み込まれ、たちまち民衆にとって身近な神になった。

　オシリス神話における死後の世界を描いた資料『死者の書』によれば、マアトは、死者のこれまでの行いを裁く「ふたつの真理の間」の裁判官だ。

『死者の書』の絵の復元。題材は死者の天秤を扱うマアト（左）とトト（右）。下に怪物アンムトが控えている。

　死者の魂がこの部屋に到着すると、死者の心臓が天秤の片側にのせられる。天秤の反対側には、マアトの象徴であるダチョウの羽がのせられ、天秤がどのように動くかを知恵の神トトがチェックする。

　もしも天秤がつりあわなかった場合、この死者は罪に汚れていることになる。死者の心臓は「ふたつの真理の間」に控える怪物アンムトにむさぼり食われ、死者は完全に滅びてしまう。天秤が釣り合った場合、死者はマアト（秩序）にしたがって生きてきたとみなされ、冥界での幸福な暮らしを許されるのだ。

> このマアトって考え方は、エジプト王家の権力争いに利用されてみたいだね。なんせ、悪い政治をしているファラオを「マアトが足りない！」って攻撃できるんだから。まるで「功夫が足りない！」みたいだよね〜。

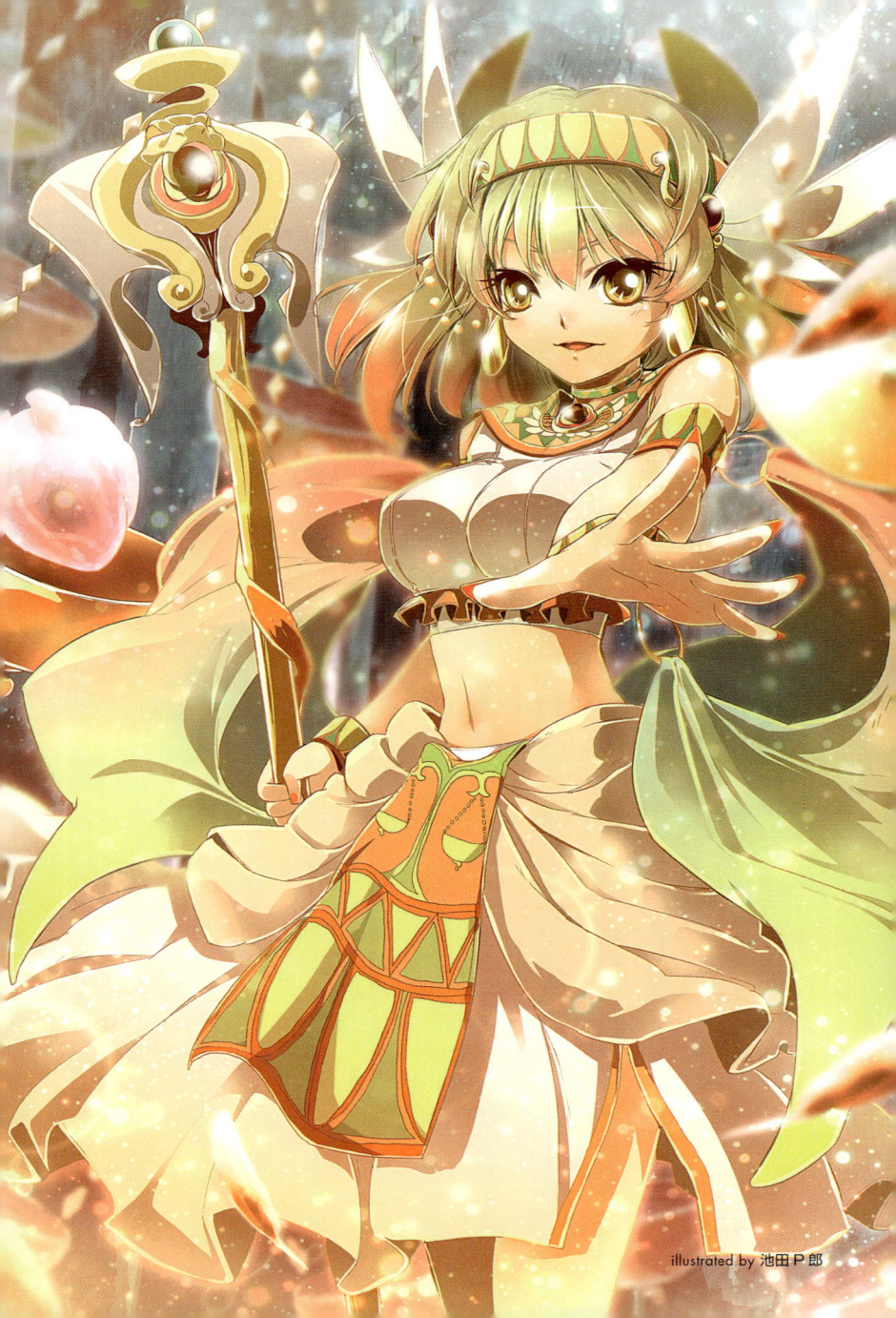

illustrated by 池田P郎

死後の弁護は彼女におまかせ
ネフティス

別名：ネベト＝ヘウト、ネブヘト（古代エジプト語）　出典：『オシリスとイシスの神話』など

死せる人々の守り神

　エジプト神話に登場する、死者を守護する女神。彼女は62ページで紹介した女神イシスの妹である。ちなみにネフティスという名前は古代ギリシャ語読みであり、古代エジプトでは「ネベト＝ヘウト」「ネブヘト」と呼ばれていた。

　ネフティスの名前には「大きな家」という意味があり、エジプトの絵文字ヒエログリフなどでは、頭の上に家のようなマークをのせた絵文字で表現される。壁画などに姿を描かれるときは、腕にトンビの翼をとりつけた姿で登場することがある。これは62ページでも紹介した『オシリスとイシスの神話』にも収録されている、彼女が姉イシスとともにトンビに変身し、冥界神オシリスの遺体を守ったという物語に由来する外見である。

紀元前1250年頃の『死者の書（→p157）』に描かれたイシス（左）とネフティス（右）。

禁断の片思いで犬頭の息子を産む

　エジプトにはネフティスを単独でまつった神殿がなく、たいてい姉のイシスとセットで信仰される。彼女とイシスのコンビがどんな大仕事をなしとげたかは、『オシリスとイシスの神話』で見ることができる。

　ネフティスは、天空神ヌウト（→p64）から生まれた兄弟の末娘で、姉のイシスのほか、豊穣神オシリス、暴風の神セトなどの兄がいた。ネフティスは兄のセトと結婚したが、彼女が本当に愛していたのはイシスと結婚したオシリスだった。

　オシリスが夫のセトに殺されると、ネフティスは夫の元を離れ、イシスとともに愛する兄の遺体を守って奮闘する。同時に、暴れ回るセトから逃げ出してきた人間たちを魔法で動物に変え、セトから逃げ出せるようにはからった。

　ちなみに『オシリスとイシスの神話』では、ネフティスが策を練り、片思いするオシリスの愛を得た物語が紹介されている。彼女はオシリスを酒に酔わせ、オシリスの妻である姉イシスに変装して一夜の関係を持った。この神話によれば、犬頭で有名な冥界神アヌビスは、この一夜から誕生した子供だ。彼はセトに殺されたオシリスの遺体をミイラに加工した、ミイラ作りの神でもある。

> ネフティスさんは、66ページのマアトさんが裁判をやっている「ふたつの真理の間」で、死んだ人の弁護をしてくれます。皆さんもネフティス様が守ってくれるなら安心ですよね～？……悪い子じゃなければ。

illustrated by T-RAy

棒きれゴツン☆でさようなら！
ニャメ

信仰拠点：西アフリカ、ガーナ共和国周辺　別名：ニャンベ、オニャンコポン（偉大なる者）、ボレ・ボレ（創造の建設者）、アモス（雨を与える者）など多数　出典：アシャンティ族神話

アシャンティ神話

西アフリカの偉大な天空神

　アフリカというとサハラ砂漠のイメージが強いが、アフリカ大陸西側の海岸付近は、広大な熱帯雨林が広がり、多くの部族が暮らす豊かな土地だ。この西アフリカ一帯では、「ニャンベ」と呼ばれる天空神が、部族ごとに名前や特徴を変えて信仰されている。このページで紹介する「ニャメ」という神は、このニャンベから変化した神で、西アフリカはガーナに住むアシャンティ族の創造神だ。ニャメには別名が多く、「ボレ・ボレ（創造の建設者）」「オニャンコポン（偉大なる者）」など、この神の偉大さをたたえるいろいろな名前で呼ばれている。

　アシャンティ族の最高神であるニャメは、この世のすべてを創ったとされる創造神だ。人間に生きる喜びを与えたのも、光と雨という恵みを与えたのもニャメであり、その威光は右に出る者がない。

　ニャメの性別ははっきりせず、男とされることも女とされることもある。ニャメの女神としての特性が特に強調されるのは、ニャメを「月の女神」として扱うときだ。この場合のニャメは、アシャンティ族の女王の母として信仰される。

人間とともに生きた神

　アフリカの神話の多くでは、天と地が一体化した状態から世界が始まり、その後なんらかの方法で天地が分離するという神話が多く見られる。本書でいえば、64ページで紹介したヌウトの神話がその典型的な例だ。ニャメの別名であるオニャンコポンの神話にも、違う形で天地が分離される物語がある。

　アシャンティ族の神話によれば、かつて天と地は手を伸ばせば届くほど近くにあり、人々は食べ物が足りなければ雲をちぎって食べていたほどだった。このため天空に住むオニャンコポン（ニャメ）も、人間と非常に近いところで暮らしていた。

　ところがある日、老婆がイモをすりつぶすために「すりこぎ」を振り上げたところ、勢い余ってオニャンコポンの頭にすりこぎをぶつけてしまった。これにびっくりしたオニャンコポンは、人間の手が届かないほど高い場所へ行ってしまった。

　老婆はオニャンコポンに謝罪するため、煉瓦のような物を積み上げて、天まで届く高さの塔を作ろうとした。ところが塔は崩れ、たくさんの死者が出た。オニャンコポンはこれを悲しみ、二度とこういう悲劇が起きないように、天空の高さを「人間が絶対に届かない高さ」まで上げたのだという。

> ニャメさんのもとになったニャンベさんの神話だと、人間があんまりニャンベさんにつきまとうから、嫌気がさして逃げ出したらしいの。そうね、ストーカーはよくないわ、神様のプライベートは大事にするべきよ。

illustrated by すーぱーぞんび

マウ

夜の涼しさは母の優しさ

信仰拠点：西アフリカ、ベナン共和国　別名：マウ・リサ　出典：フォン族神話

4日で創世って子供に丸投げ

　アフリカ西部、ベナン共和国周辺に住む民族「フォン族」の女神マウは、双子の神である。マウは月の女神であり、兄弟の男神リサは太陽の神だ。そのほかにもマウは大地や豊かさをあらわし、リサは天と力をあらわす神だった。フォン族の神話によれば、マウは世界の西に、リサは世界の東に住んでいるのだが、日蝕や月蝕がおきるとふたりは交わり、多くの子供を産むのだという。

　フォン族が信じている世界創造の神話でも、リサたちは重要な役割をはたしている。ふたりは両性具有の神ナナ・ブルクから双子として生まれると、わずか4日で世界を創ってしまったのだ。

　マウとリサは、アイド・ウェドという虹色の蛇にのって世界の創造にとりかかる。まず1日目、マウとリサは水と泥から人間を作った。2日目には地球を人間の住める場所にした。3日目には、人間に視力と言葉を与え、世界がどのような場所かを理解できるようにした。最後の4日目に、マウとリサは人間に技術を与えた。フォン族の神話では、世界はこうやって完成したのだ。

　世界が完成すると、マウとリサは自分たちの子供に世界の要素を分け与えたあと、地上から去ってしまったと伝えられている。

侵略、吸収で変わり続けたフォン神話

　マウを信仰するフォン族は好戦的な民族で、征服した相手の神を取り込むことで神話を発展させていった歴史がある。フォン族の神話でマウとリサの子供とされている神の多くは、フォン族に征服された民族の神なのだ。

　ここからもわかるように、フォン族の神話は時代とともにどんどん内容が変わったので、最高神であるマウさえも時代ごとに描かれ方が変わっている。一例を挙げれば、そもそもマウとリサは双子ではなく一柱の神で、体の半分が月の目を持つ女性、もう半分が太陽の目を持つ男性の姿だという。ほかにも、リサがマウの息子であり、人間に鉄を与えるために地上に遣わされたという神話もある。

　もっとも、家族関係や描かれ方が変わっても、月の女神マウが人々に愛されているのには変わりがない。知ってのとおりアフリカは灼熱の大地で、太陽は大地を熱して人々を苦しめる危険な存在だ。一方で月の出る夜は気温が下がり、人間たちを涼しさで癒してくれる。月の女神が愛されたのにはこんな理由があるのだ。

> リサさんが人間にあげた「グ」っていう刀は、のちに戦士や鍛冶師さんの守護神になったんですが、いまでは自動車とか自転車の守護神でもあるそうです。なんだか将来は宇宙船の守護神にもなれそうです～。

illustrated by ヨカルラ

地母神と豊穣神

　神話において、女性の神は、「何かを産み出す」という女性特有の性質と関連づけられることが多い。こうした女神たちのなかに、特に「地母神」と呼ばれる女神たちがいる。
　地母神とは「大地の生命力、繁殖力などを神格化した女神」のことだ。彼女たちは世界そのものを生んだり、人間を含めた動植物などを生み出す女神であり、神話のなかに複数の神が登場する場合には、かならずと言っていいほど地母神がいるのだ。

地母神の起源

「母なる大地」という言い方があるように、古代から世界各地には、大地を神格化し、「女神」として崇める信仰が存在した。植物を生み出し育てる大地の生産力と、女性が妊娠、出産し子供を育てるイメージを重ねたのである。
　こうして崇められた女神たちは地母神のほか、「地母」「太母」、英語では「earth mother」などと呼ばれる。こうした地母神信仰は、文明が生まれるよりもはるか昔、今から3万年以上も前から行われていたと考えられている。
　時代がくだり、四大文明に代表される文明ができると、それぞれの地域で信仰されていた地母神たちは、個別の名前や性格を与えられていく。
　以下にあげるのは、本書で紹介する神話に登場する、代表的な地母神たちだ。

●ダヌ（ケルト神話）

　アイルランドを治めていたダーナ神族（→p182）の母であり、多産や、穀物の豊作といったものとも深く結びついている。

●ガイア（ギリシャ神話）

　神話の最初期から存在する大地の女神。あらゆるものの母であり、大地に豊かな恵みと実りをもたらす（→p188）。

●キ（シュメール神話）

　大地を神格化した女神。夫である天空神アンの精液（雨）を受けることで、作物や家畜などが生まれ地上が繁栄する（→p84）。

　このほかにも、本書で紹介しているレア（→p44）やマウ（→p72）、イナンナ（→p88）、女媧（→p98）なども、地母神の性格を持った女神だ。
　なお、神々のなかでも作物の実りや家畜の多産をもたらしてくれる神のことを「豊穣神」と呼ぶことがある。豊穣神と大地母神には重なる部分が多いが、豊穣神は男性の場合もあるという大きな違いがある。

オリエント Orient

この地域は、世界最古の神話といわれる「シュメール神話」が生まれた場所で、古くから女神への信仰がありました。この章ではシュメール神話の女神のほか、シュメール神話から派生したオリエント地方の神話の女神や、その周辺地域で独自に生まれた神話、宗教の女神を紹介します。

illustrated by 粗茶

イナンナ

善の三女神の華麗なチームプレー
アールマティ＆ハルワタート＆アムルタート

神族：アムシャ・スプンタ　別名：スパンダルマド＆ホルダード＆アムルダード（いずれもゾロアスター教後期の名前）　出典：ゾロアスター教の教典「アヴェスター」

人と世界を豊かに変える女神たち

　古代イランで生まれた、世界最古の宗教「ゾロアスター教」には、最高神アフラ・マズダに仕える6柱の神がいる。彼らは「アムシャ・スプンタ」（聖なる不死者）と呼ばれ、6柱のうち3柱は女性の神である。
　三女神のうちで筆頭の地位にあるのは、最高神アフラ・マズダの娘にして妻である「アールマティ」という女神だ。その名前には古代のペルシア語で「敬虔」という意味がある。彼女は「信者たちの信仰」そのものを神格化した存在で、ゾロアスター教の信者が豊かになり、その子供たちも信者になるとおおいに喜ぶという。さらにアールマティは大地の守護者であり、家畜を増やし、作物を実らせて、人間の暮らしを豊かにしてくれる。
　ほかの2柱はハルワタートとアムルタートといって、アールマティの直属の部下だと考えられている。文献にはいつも二人組で登場し、切り離すことができないとされる女神たちだ。名前の意味は「健全」と「不死」、すなわちハルワタートが信者の肉体を健康に維持し、アムルタートが寿命を延ばしてくれるというわけだ。
　さらに、ハルワタートは水を、アムルタートは植物を守護する女神でもある。彼女たちはアールマティが守護する大地に雨を降らせ、作物や野草を育てる。野草を食べた家畜は子供を生み、大きな群れを作る。3柱の女神は、こうして大地を豊かにしていくのだ。

正義の裏に悪もあり

　ゾロアスター教は、すべてのものが善と悪、光と闇、生と死というように相反する側面を持ち、それらが対立するという「善悪二元論」の概念を持つ宗教だ。これは神々にとっても例外ではない。善の神である6柱の「聖なる不死者」には、対立する6柱のライバルたちがいるのだ。
　アールマティと対立する悪の女神はタローマティといい、名前の意味は「憶測」。ハルワタートの敵はタルウィで、名前は水を干上がらせる「熱」を意味する。アムルタートの対抗者は、作物を枯らす「乾き」を意味するザリクだ。
　これらの悪神たちは、悪の最高神アンリ・マンユが、アムシャ・スプンタに対抗するために生み出した者だ。しかしゾロアスター教では、善はかならず悪に勝つことになっていて、彼女たちも将来アールマティたちに滅ぼされる運命にある。

> ゾロアスター教では死体は「不浄」だから、遺体を地面に埋める「土葬」は絶対禁止！　大地の守護者アールマティさんに怒られるよ！　遺体は高台に放置して、鳥に食べてもらう「鳥葬」が正式な作法だねっ！

illustrated by てるみい

砂漠もうるおす無限の泉
アナーヒター

出身：ペルシアの神話／ゾロアスター教神話　別名：ハラワティー（古代ペルシアでの名前）、アナーヒード、ナーヒード　出典：ゾロアスター教の聖典『アヴェスター』など

世界の川を満たす女神

　アナーヒターは水の女神だ。ペルシア（現在のイラン）の信仰によれば、この世のすべての川には、彼女が管理する水源から湧いた水が流れている。水は生き物を育てることから、彼女は生命や豊穣の女神としても信仰された。

　アナーヒターの外見は、背が高く色白な女性である。黄金のマントや首飾り、耳飾りを身につけ、星を飾った冠をかぶっている。いかにも高貴な女性という感じの外見だが、たくましい両腕という意外な特徴もある。

イラン北西部のフマン市にあるアナーヒター像。彼女は生命力をつかさどる神であることから戦神としても信仰され、神話によれば4頭の馬が引く戦車に乗っているという。撮影者：Achaemenes

　西～南アジア一帯では、古くから文化の交流が盛んだった。そのためアナーヒターもほかのアジアの女神と深い関係を持っている。彼女はアッカド神話のイシュタル（→ p88）と同じ女神だとみなされたり、元々はインドの川の女神サラスヴァティ（→ p123）と対になる女神だったと考えられることがある。人類に水を与えるアナーヒターは、乾燥地帯である西アジア周辺の民族にとって人気があり、広く知られた存在だったようだ。

ゾロアスター教のアナーヒター

　紀元前6世紀頃にゾロアスター教が誕生すると、地元の女神アナーヒターは、アムシャ・スプンタ（→ p76）に次ぐ階級の中級神「ヤザタ（天使）」に格下げされてしまう。しかし彼女の重要性は失われるどころか、ますます増していった。

　ゾロアスター教の教典『アヴェスター』では、彼女の正式な名前を「アルドヴィー・スーラー・アナーヒター（汚れ無き激流）」と呼び、惜しみない賛辞をささげている。『アヴェスター』に書かれた天地創造の神話によれば、この世のすべての川と海は、アナーヒターの持つ水瓶からあふれ出た水で作られた。地上に人間と動物を繁殖させたのもアナーヒターだ。最高神アフラ・マズダも、「アナーヒターに供物を捧げれば国が繁栄する」と太鼓判を押している。

　こうして高まるアナーヒターの人気は、上級神であるアムシャ・スプンタを大きくしのぎ、最高神アフラ・マズダに並ぶほどだったという。

えっと、確認していい？「ヤザタ」って中級の神よね？　最高神のアフラ・マズダ様が、自分で作ったはずのアナーヒターさんを神としてまつりあげてるんだけど!?　最高神に崇拝されるって、このひと何者なのー!?

illustrated by ユティフ

頑張るアナタにご褒美あげる♥
アシ

出身：ペルシャ神話／ゾロアスター教神話　別名：アハリシュワング（善なるアシ）、ドゥルワースパー、アルド（マニ教）　出典：ゾロアスター教の教典『アヴェスター』など

英雄たちを助ける女神

　ペルシャの女神アシは、作物の豊穣、幸運と報酬の女神だ。彼女の名前は「得る」という意味の単語を語源としている。神を信じる者、神とともに戦う者が、正当な勝利や報酬を「得る」ようにするのがアシの役目である。

　アシの外見は、黄金色に光り輝く長身の女性だ。彼女は最高神アフラ・マズダの愛娘で、兄である太陽神ミトラの戦車で御者をつとめている。彼女はミトラの戦車を引く馬をあやつるかたわら、ミトラとともに戦った英雄たちに褒美を与えるのだ。また、彼女単体で英雄の守護神としても活躍し、自分を崇拝する者を手助けして偉業を達成させる。ゾロアスター教の教典『アヴェスター』でもっとも偉大な英雄スラエータオナも、アシの加護を得て戦ったひとりだ。

　一方でアシは女性の守護神でもあり、女性が貞淑を保ち、正しい結婚生活を送れるように守ってくれる。性格は心優しく、この世に不幸な女性が存在することにいつも心を痛めている。『アヴェスター』には、この件について父親のアフラ・マズダと問答をする、以下のような内容の一文がある。

　アシは、子供を産むことができない婦人、不倫でできた子供を「夫の子供だ」と嘘をついて育てる婦人、強姦によって処女を奪われる女性が絶えないことに心を痛め、アフラ・マズダに「私は天国に戻るべきでしょうか、地中に隠れるべきでしょうか」と弱音を吐いた。アフラ・マズダはアシをはげまし、地上から逃げることなく、アフラ・マズダが建てた宮殿で暮らすようにすすめている。

属性の重なるライバルの前に……

　アシはアナーヒター（→ p78）と同様、ゾロアスター教の誕生以前から信仰された女神で、インド神話の幸運の女神ラクシュミ（→ p112）と同じ源流を持つらしい。だがアナーヒターと比べると、アシは神話のなかで、あまり目立った存在ではない。じつはアシの出番の多くは、アナーヒターに奪われているのだ。

　アシはアナーヒターと違って水の女神ではないが、人間に富を与え、勝利に導き、豊穣の女神であるなど共通点が多いため、神話においてアシの出番をアナーヒターに置き換えても違和感がない。そのためアシの出番はどんどん減っていき、彼女にとってもっとも重要な「英雄に勝利を授ける女神」という役目までアナーヒターに奪われていることがある。

> ヤザタさんたちは2種類に分けられます～。片方は「火」「水」のような物質とかかわる方々、もう片方は「幸運」「勝利」のような目に見えないものを守護する方。アナーヒターさんは前者、アシさんは後者ですね～。

illustrated by さとーさとる

大事なところをチョッキンしちゃえ！
キュベレ

信仰拠点：アナトリア地方（現トルコ）　　別名：クババ（Kubaba）、キュベベ（Kybebe）など
誕生：紀元前16世紀以前

トルコからスペインへ、欧州を制した女神

　アナトリア神話の女神キュベレは、神や人間など"あらゆるもの"を産み出した「偉大なる母（マグナ・マテル）」だ。冠をかぶって椅子に座り、複数のライオンを侍らせたキュベレの像は「偉大なる母」にふさわしい威厳を備えている。

　キュベレは母なる神であると同時に、戦争の神でもあり、2頭のライオンにひかせた戦車に乗った姿が特に有名だ（写真参照）。また、音楽や踊りを好むことからか、楽器のタンバリンを持った石像も多く発掘されている。

スペインの首都マドリッドの「チベレ公園」にある、戦車に乗ったキュベレ像。トルコから遠く離れたスペインにも信仰の痕跡が残るほど人気のあった女神なのだ。撮影者：Zaqarbal

　アナトリア半島（現トルコ）のキュベレ信仰は、6000年以上前から中東地方にあった「名称不詳の母神」への信仰が発展し、3200年ほど昔にアナトリアへ流入した、長い歴史を持つ。このころの彼女は「キュベレ」ではなく「クババ」と呼ばれていた。キュベレというのは、アナトリア人から彼女の存在を教わったギリシャ人が、「クババ」をギリシャ風に読んだ名前なのだ。その後、イタリア半島を本拠地とするローマ帝国がアナトリアを支配すると、キュベレはローマ帝国の公式な宗教に取り込まれ、すべてのローマ人の母なる神として信仰されたという。

局部切断で神様に近づこう！

　キュベレ信仰の儀式は大変過激なものだ。彼らは楽器の音にあわせて踊り歩き、ムチで体を傷つけあう。しかも熱心な男性神官は、血を流すだけで満足せず、自分のペニスを切り落とし、女装して練り歩く。そして、キュベレの神殿で女神との情事を想像し、恍惚にふけることで、キュベレへの信仰を表現するのだ。

　この信仰スタイルには、植物神アッティスの神話が関係している。神話によれば、アッティスはキュベレの息子であり、愛人でもあったのだが、キュベレの力により発狂して、自分のペニスを切り落として死んでしまう。アッティスの死をなげいたキュベレは、その力でアッティスを復活させた。

　上で紹介した儀式は、この「アッティスの復活」を再現するものだ。そして神官の去勢行為は、自分をアッティスとキュベレに近づけるための行為なのだ。

> 古い神話を読みますと、アッティスくんは「キュベレが自分で切り落としたペニスが地面に触れて木が生え、その木が女性に産ませた子供」だとか……あら？　キュベレさんって、おちんちん生えてたんですか？

危

illustrated by あさぱ

一文字であらわすでっかい世界

キ

出身：シュメール神話　　別名：アントゥ（アッカド神話）

シュメール神話の大地母神

　シュメール神話の神々を産んだ母神の名前は「キ」という。カタカナならわずか一文字、英語に直しても「ki」の二文字という非常に短い名前の神だ。「キ」とはシュメール語で大地を意味する言葉で、その名前を持つ彼女は、もちろん大地をあらわす女神である。
　女神キの結婚相手は、アンという天空の神だ。古代シュメール人は、天空（アン）から大地（キ）に精液が降り注ぐことによって大地（キ）が妊娠し、作物が生まれたり家畜が子供を生んで、地上が豊かになると考えていた。ここでいう天空の精液とは、雨のことである。
　シュメールの世界創造神話では、かつて大地キと天空アンはひとつにつながっていた。だが、ふたりのあいだに生まれた大気の神エンリルが夫婦を引き裂いてしまったため、天空ははるか上空に追いやられ、現在のように天地が分かれた世界になったという。この神話は64ページで紹介したエジプトの神話とほぼ同じだが、シュメールとエジプトでは天と地の性別が逆転しているのが興味深い。
　最初に少し触れたとおり、大地母神キと天空神アンのあいだには多くの神々が生まれ、シュメール神話の中心的な神々に育っている。女神キから生まれた神々は「アヌンナキ」と呼ばれる会合を開いていて、ここで世界をどのように運営するかを決めているのだ。かつてアヌンナキのリーダーはキの夫アンだったが、エンリルがキとアンを分離してからは、エンリルが2代目のリーダーとなっている。

神名以外での使われ方

　古代シュメール人にとっては、大地そのものが信仰対象であり、大地の名前である「キ」は、女神の名前以外にもさまざまなところに使われている。
　まずは土地の呼び名だ。シュメール人は自分たちの住む土地のことを「キエンギ（君主たちの地）」と呼んでいた。そもそも「シュメール」とは隣国のアッカド人が作った名前で、彼ら自身はシュメールという言葉を使っていない。外国人が日本のことを「ジャパン」と呼ぶのと同じだといえばわかりやすいだろうか。
　また、世界とは天と地のことだから、シュメール語で世界（宇宙）をあらわす言葉は、アンとキ、ふたりの神の名前を組み合わせて「アンキ」という。神話のなかでは、エンリルの宮殿エドゥルアンキ（天と地の結び目の家）などの使用例がある。

アンさんとキさんの夫婦を引き裂いたエンリルくん。そこまではよかったんだけど……そのあと地上に残ったキさんとエッチしちゃってるう!?　それまずいって！　寝取りもまずいけど、その人きみのママだから！

illustrated by ぱるたる

堅物冥界神の愛の激闘
エレシュキガル

出身：シュメール神話、アッカド神話　別名：イルカルラ、ベリリ、アルラタ、アルラトゥなど
出典：シュメール神話『イナンナの冥界下り』、アッカド神話『ネルガルとエレシュキガル』など

厳格なる冥界女王

　世界最古の神話とされるシュメール神話では、死者の国は地下にある。「ふたたびそこから帰れない国（クル・ヌ・ギ・ア）」、あるいはイルカルラ、ギザルなど多彩な名前で呼ばれる冥界を支配しているのは、闇と死の女神エレシュキガルだ。
　オリエント地方の女神は、近隣の地域で信仰された複数の神話に登場する者が多いが、地域が変わると神の名前も変わるのが普通だ。しかしエレシュキガルは、シュメールからバビロニアへと、信仰された場所が変わっても同じ名前で呼ばれ続けた珍しい例である。
　エレシュキガルの治める冥界には、入る者が守らなければいけない厳格なルールがある。地上で死んだ者の魂は、鳥の形になって7つの門をくぐり、冥界に入らなければいけない。冥界に入った者は2度と出られないのが本来のルールだが、死者に「生命の水」という液体を注いだときだけ、死者は地上に戻ることが許される。
　シュメールでは、雨や川の水が大地をうるおし、作物を育てることから、水は生命の根源であると考えられていた。生命の復活に使われるアイテムが「水」であるのにはこういった理由があるのだ。

喧嘩相手から似合いの夫婦へ

　冥界の主として君臨してきたエレシュキガルだが、やがてその座から転落するときがやってくる。エレシュキガルにかわって冥界の最高神になったのは、意外なことに、ネルガルという「太陽神」だった。
　アッカド神話の『ネルガルとエレシュキガル』という物語によると、神々の宴会が開かれ、冥界を出られないエレシュキガルのかわりに部下が出席したとき、ネルガルだけがこの部下に敬意をはらわなかった。これに怒ったエレシュキガルは、ネルガルの引き渡しを要求するが、ネルガルは逆にみずから冥界に押し入り、エレシュキガルを玉座から引きずり下ろした。取っ組み合いのすえに追い詰められたエレシュキガルは、冥界の支配権を手放し、自分を妻として与えるかわりに、命を助けてくれるようネルガルに頼み、受け入れられたのだという。
　この神話には内容の違う別バージョンがあり、こちらでは冥界をおとずれたネルガルをエレシュキガルが誘惑して一時の関係を持ったあと、天に帰ったネルガルを呼び戻す（そして激闘→結婚）という流れになっている。

> お姉さんのような恵み深い太陽神を見ていると、ネルガル君は太陽神なのになんで死の神なのかピンとこないよね？　これは中東みたいな乾燥地域では、夏真っ盛り＝シーズン・オブ・DEATH！　だったからだよ。

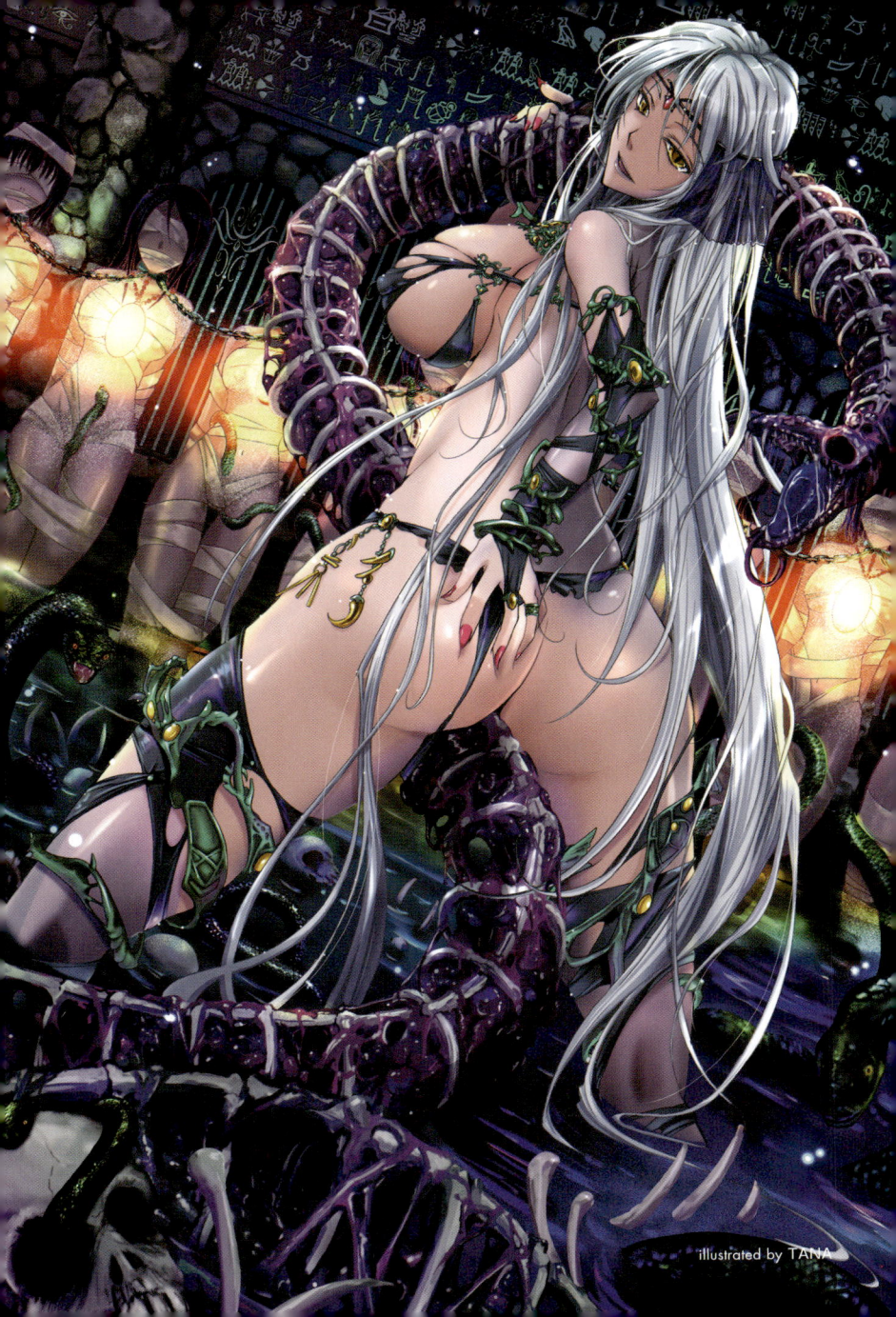

illustrated by TANA

セクシャル&バイオレンス
イナンナ

出身：シュメール神話、アッカド神話　別名：イシュタル（アッカド神話）、アスタルテ（カナン神話）
出典：『イナンナの冥界下り』など

オリエントNo.1の人気者

　シュメール神話に登場する金星の女神イナンナは、オリエントに存在するあらゆる女神のなかでもっとも人気があり、広く信仰された女神だ。彼女は作物の実りや家畜の多産という、人間にとって最大の関心事「食料」を与える豊穣神であるのと同時に、愛や美、戦いなど、社会にとって重要なものを守護する女神だった。

　イナンナは天空神アン（→p84）または月神ナンナの娘で、夫は牧畜と植物の神ドゥムジ。冥界の支配者エレシュキガル（→p86）とは姉妹関係にある。

　シュメールの神話によれば、イナンナは120人もの愛人がいたとされる恋多き女神だ。この無数の愛人という設定は、イナンナの豊穣神という性質が、種まきや子供の出産という「繁殖活動」と不可分であることからきている。家畜の数を増やし、多くの穀物を得たいというシュメール人の願いから、イナンナは「多くの男と交わる性愛の女神」として信仰されるようになったわけだ。

　このイナンナの人気はシュメールだけにとどまらず、隣のアッカドでも彼女は「イシュタル」という名前で信仰された。その後も彼女への信仰は、シュメールからオリエント各地、さらにはその先へと拡散していく（→p96）。彼女は、ヨーロッパやインドまで信仰が伝えられるほど人気のある女神だったのだ。

紀元前2世紀ごろのバビロニアで作られたと思われる裸身の女神像。イナンナのバビロニア版、イシュタルの像である可能性が指摘されている。フランスのルーブル美術館収蔵。

戦神イナンナ

　イナンナは戦争の女神でもある。シュメールの人々は、戦争の前にはイナンナに勝利を祈願し、勝利すれば盛大な祭りで彼女に感謝を表明したという。

　神話によれば、イナンナは生まれたときから「シタ」と「ミトゥム」と呼ばれる棍棒（メイス）を手にしていた。「シタ」は金星の女神であるイナンナにふさわしく光り輝き、木の棒のような柔軟性があった。ミトゥムは先端部分がライオンの頭部の形に彫刻され、嵐のようななり声をあげるという。

> イナンナ様、あちこちの神話に引っ張りだこですごい売れっ子なのね。キリスト教の悪魔学にも「アスタロト」の名前で出演かぁ。……あれ？　たしか「アスタロト」って、男の悪魔だったはず……？

イナンナは単なる戦神ではなく、荒ぶる破壊神という性格も持っている。シュメールの隣にあるアッカド地方で発展した「バビロニア神話」の物語、『ギルガメシュ叙事詩』では、彼女は「イシュタル」の名前で登場し、自分の言うことを聞かなかった英雄ギルガメシュを罰するため、凶暴なモンスターをギルガメシュの都市に送り込もうとする。神々がそれに難色を示すと、「冥界の門を開いて死者をよみがえらせ、人間を食い尽くさせるぞ」と神々を脅迫する。このように彼女は、人間に理不尽な死を与える破壊の女神でもあるのだ。

イナンナの冥界下り

　金星の女神、すなわち光の女神であるイナンナは、姉妹である闇と死の女神エレシュキガル（→ p86）とライバル関係にある。そんなイナンナとエレシュキガルの対決の物語『イナンナの冥界下り』は、シュメール神話の物語のなかでもっとも有名なエピソードのひとつだ。

　イナンナは地下にある冥界へ向かうため、冥界の門をくぐろうとするが、エレシュキガルは冥界の門番たちに、イナンナを「普通の死者と同じように扱え」と命令する。イナンナは冥界に通じる7つの門を順番にくぐって行くが、ひとつの門をくぐるたびに、装飾品や衣服をはぎとられていく。7つの門をすべてくぐったイナンナは、すべての衣服を奪われて全裸になっていた。このときイナンナが身につけていた衣服や装飾品は、彼女の神としての力をあらわしている。つまり冥界に到着したイナンナは、神の力を奪われた無力な存在になっていたのだ。

　エレシュキガルの玉座の前へ通されたイナンナは、「生きているのに冥界に入るというタブーを犯した」罪で死刑にされてしまう。豊穣神であるイナンナが死んだことで、地上では作物が育たず、子孫が生まれなくなってしまった。

　そこで水の神エンキは、死者を復活させる「生命の水」を彼の使いに与えて冥界に派遣し、イナンナを復活させる。復活したイナンナは天界に帰ろうとするが、イナンナのかわりに冥界に行く者が必要になった。イナンナは自分の夫である牧畜の神ドゥムジを代理として指名し、無事に天界に戻ったという。

神話で説明される農業習慣

『イナンナの冥界下り』は、ギリシャ神話のペルセポネの物語（→ p40）と似ていて、シュメール地方の季節や農業習慣を表現したものだといわれている。

　古代オリエントでは、穀物の収穫は春に行われていた。穀物の蓄えが食べ尽くされるのは冬の終わりごろで、春になるとふたたび穀物の収穫があり、家畜が出産を迎える。そうすると同時期に、肉の備蓄のために家畜が殺されるのだ。

　これを『イナンナの冥界下り』の物語にあてはめてみよう。イナンナが死ぬのは、穀物が食べ尽くされる冬の終わりである。春は川に水（生命の水）があふれる季節で、イナンナの復活は穀物の成長と収穫を意味する。そして実りの季節と同時に屠殺される家畜を、ドゥムジの冥界行きであらわしているというわけだ。

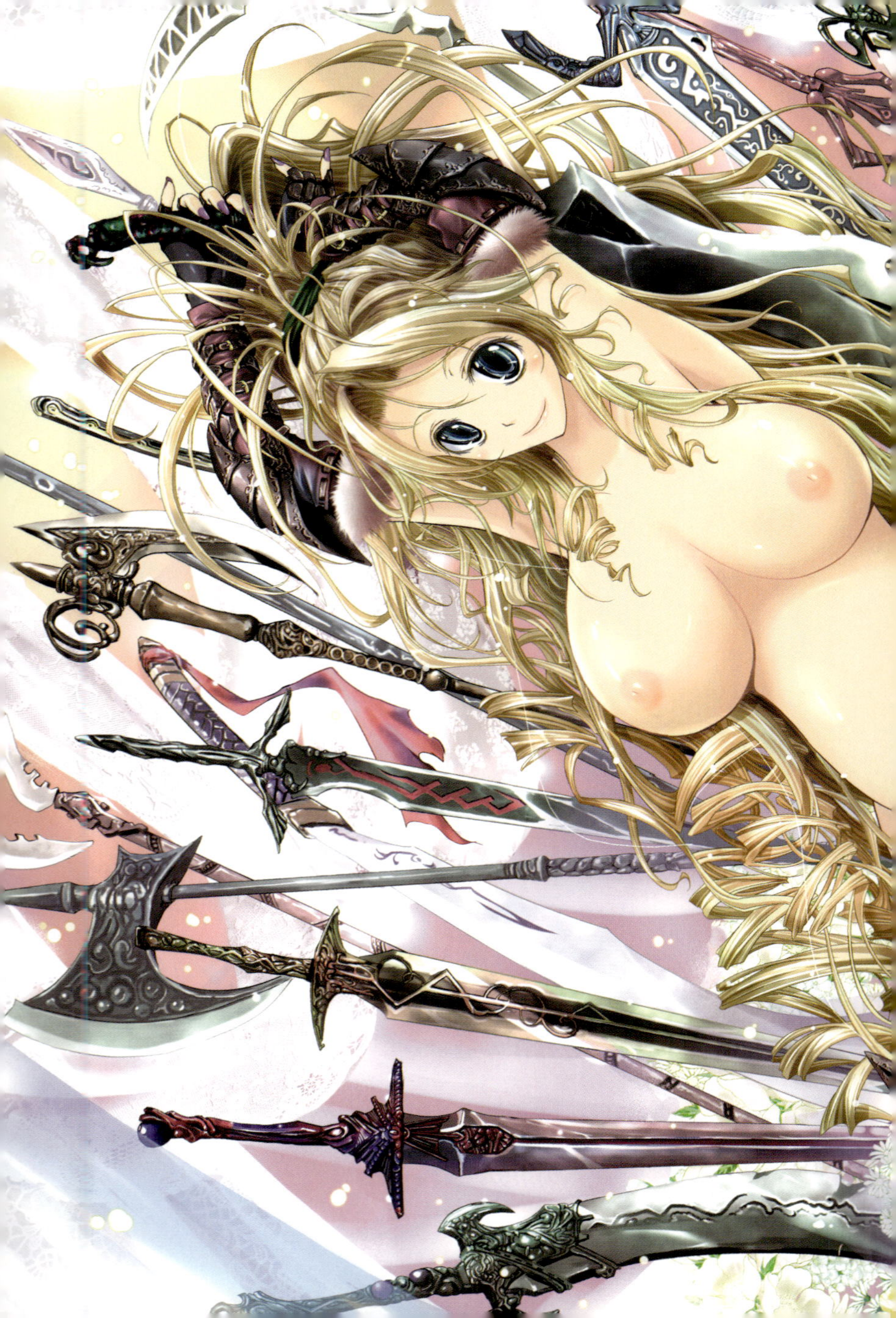

illustrated by TANA

堪忍袋の緒が切れた！
ティアマト

出身：アッカド神話　別名：フブル　誕生：紀元前18世紀以前
出典：創世神話『エヌマ・エリシュ』など

すべてを産み出した大地母神

　アッカド神話に登場する女神ティアマトは、海を神格化した存在で、世界のあらゆるものを産み出した母なる神だ。彼女の名前には「塩水」、つまり海の水という意味があり、真水を意味する「アプスー」という男神を夫としていた。

　バビロニアの創世神話『エヌマ・エリシュ』によると、世界の始めに塩水と真水（ティアマトとアプスー）が混じり合い、多くの神々が生まれた。つまりティアマトは、アッカド神話の神々を産み出した存在なのだ。

　それからしばらくして、ティアマトの子孫のうち若くて力のある者たちが、彼女の夫アプスーを殺してティアマトに反乱を起こす。こんどはティアマトは「12体の強大な怪物を産み出し」、ほかの神々とともに反乱者を迎え撃っている。

　この戦いに敗れたティアマトは殺されてしまうが、彼女の死体は、反乱者のリーダーであるマルドゥクに引き裂かれ、世界の材料として使われた。死体の半分は上に投げられて天空となり、のこり半分は大地になった。いわばティアマトは、人生の終わりに、自分の死によって世界そのものを生むことになったのだ。

　ちなみに現在の神話解説書には、ティアマトを「蛇」や「竜」の姿で紹介するものが多いが、最近の研究によれば、ティアマトが竜や蛇の神である証拠はどこにもない。彼女の死体を解体する場面の記述を見ても、まず手や足があるから蛇ではない。彼女の体の部位で人間と違うのは、角と尻尾があることくらいだ。

優しい女神が豹変した理由とは？

　ティアマトは非常に強い神だが、優しい性格の持ち主でもあった。ティアマトが戦いを決意したのも、反乱者たちの挑発行為が原因だ。

　ティアマトが産み出した「若く力ある神々」は、やかましく騒いで、ほかの神に迷惑をかけていた。そこで古き神々は、若き神を殺そうと進言するが、ティアマトは聞き入れなかった。彼らの願いを聞き入れた夫のアプスーが若き神々に暗殺されても、ティアマトは若い神々を罰しようとはしなかった。ティアマトが戦いを決意したのは、若き神々がつむじ風を作って、ティアマトの守護する塩水を濁らせるという直接的な手段に打って出たからだ。

　現代の創作では恐ろしいモンスターとして描かれることの多いティアマトだが、元々は我慢強く優しい、まさに母親のような女神だったのである。

> バビロニアの神話では、人間は、ティアマトさんの息子で、夫でもある「キングー」さんの遺体から作られました。つまり人類の祖先は、ティアマトさんの孫にあたるんですね～。

illustrated by まめでんきゅう

ママは温厚、娘は凶行
アシラト&アナト

出身：ウガリット（カナン）神話　別名：アシェラ（アシラトの『旧約聖書』での別名）
出典：ウガリット神話『バアールとアナト』など

性格正反対の母娘神

　アシラトとアナトは、現在イスラエルがあるカナン地方や、その北にあるウガリット地方の神話に登場する母娘の神だ。

　母親のアシラトは、すべての神の父とされる神「エル」の妻であり、70柱もの神々を産んだことから「神々の母」と呼ばれている。生まれたばかりの神々は、かならずアシラトの母乳を飲んで育つといわれていた。彼女は野山に住む動物たちに食料を与えて保護する神でもあり、大地母神的な性格が非常に強い。

　アナトはこのアシラトの娘のひとりで、名前には「処女」「乙女」という意味がある。愛と戦いと豊穣をつかさどるアナトは、兄である最高神バアルと結婚して、ウガリットやカナンの神話で大活躍している。

　ウガリットやカナンの文献、信仰儀式では、アシラトとアナトは「両者は同じ神だ」と考えられることがあるが、このふたりは、同一人物扱いを受けているとは思えないほど対照的な性格の持ち主だ。すべての神の母であるアシラトは、優しい性格の母親として描かれるが、アナトのほうは戦いの神にふさわしく、ほかの神を脅迫したり、信者の血液を浴びて喜ぶなど、気性が荒く残忍な性格で描かれる。

　なお、カナン神話にはこの母娘神のほかに「アスタルテ」という女神がいて、アシラトやアナトとは「名前が違うだけで同じ神だ」と考える研究者もいる。どの女神も神話のなかで重要な役目を持つが、もっとも活躍が多いのは、最高神バアルの妻であるアナトだ。

カナン神話

雨期の夫婦神 vs 乾期の冥界神

　アナトが活躍する神話のなかで特に重要なものに、『バアールとアナト』（または単に『バアル』）という物語がある。この神話は、アナトの夫である豊穣神バアルと、農耕と冥界の神モトの、終わりのない戦いを描いたものだ。

　この神話では、豊穣神バアルと冥界神モトが争い、バアルが敗れて殺害され、世界は不毛の大地となる。するとアナトは冥界へ乗り込み、夫の仇であるモトを殺して細切れに引き裂き、石臼ですりつぶすという凄惨な復讐を行う。そのあとバアルは復活し、天空に雨を、地上に多産と作物の実りをもたらすのだ。

　バアルとモトの戦いは、雨季と乾季の移り変わりや、豊作と不作の繰り返しを物語化したものではないかと考えられている。バアルを倒したモトをアナトが殺し、

> 世間にわがままな女神ってけっこういるみたいだけど、このアナトちゃんは格が違うわ。アクハト君っていう狩人の弓をほしがって、嫌だって言われたから別の男をけしかけて殺すとか、さすがのわたしもドン引くよ！

illustrated by あみみ

アナトが活躍する神話のなかで特に重要なものに、『バアールとアナト』（または単に『バアル』）という物語がある。この神話は、アナトの夫である豊穣神バアルと、農耕と冥界の神モトの、終わりのない戦いを描いたものだ。

🌸 イナンナの系譜 🌸

　シュメール神話の女神イナンナ（→p88）は、周囲の神話に大きな影響を与えた女神だ。たとえばこのページで紹介した3人の女神のうち、「アナト」と「アスタルテ」は、イナンナから生まれた女神といっても過言ではない。アスタルテはイナンナをほぼそのままカナン神話に移植した存在で、アナトのほうは、イナンナの持つ「残忍な戦神」という性質を抽出してつくられた神だという説が有力だ。
　そのほかの神話にも、以下のようにイナンナの影響が色濃く残されている。

●ペルシア、インド
　シュメールから東のペルシアやインドに伝わったイナンナは、水の女神アナーヒター（→p78）や、幸運の女神アシ（→p80）の原型になったといわれる。ペルシアのさらに東にあるインドでは、このアナーヒターが変化して女神サラスヴァティ（→p123）となっている。ここにもイナンナの系譜がつながっているのだ。

●ヨーロッパ
　ヨーロッパ各地で信仰された地母神キュベレ（→p82）も、イナンナの影響を強く受けた女神だ。キュベレはギリシャ神話に直接吸収されたほか、ギリシャの大地の女神レア（→p44）の原型になっている。
　また、イナンナの直系である女神アスタルテは、ギリシャで美の女神アプロディテ（→p46）に変化したし、エジプトでは女神ハトホル（→p64）の原型になった。なんと本書で紹介した女神のうち9柱もが、イナンナの影響を受けた女神なのだ。

> イナンナさんから生まれた女神がどのくらい広がっているか、ちょっと調べてみましょうか〜。西の方では、イナンナさんから産まれたキュベレさんの像が、スペインの広場にあったりしますよ〜。

> 東の方だと……このあと紹介するつもりの「サラスヴァティ」さんもイナンナさん由来だけど、弁才天っていう神に変わって、お姉さんが住んでる日本まで伝わってたりするねえ。うーん、ワールドワイド。

> 西はスペイン東は日本って……それって地球をほとんど半周してるじゃない！　すさまじい人気ねイナンナさん。

アジア Asia

アジアの章の主役は、東アジアの文化の中心だった中国の神話に登場する女神たちと、インドで古くから存在し、現在でもインドの人々に深く信仰されているヒンドゥー教の女神たちです。そのほか、中国の北方に住む騎馬民族「ブリヤート族」の女神も紹介します。

illustrated by 粗茶

ラクシュミ

ニンゲン作った泥んこ遊び
女媧(じょか)

出身:中国南部の少数民族の神話　出典:『楚辞』『山海経』など

半蛇半人の創造神

　中国神話の女神「女媧」は、すべての人類を作り出した偉大な創造神であり、結婚や子授けの神としても信仰されている。その外見は、上半身が人間、下半身が蛇(または龍)という姿で描かれることが多い。古代中国の文献や壁画などには、女媧と一緒に半蛇半人の男神が描かれた(右写真)。この神は「伏羲」といって、女媧の夫または兄(あるいはその両方)だと考えられている。

　伏羲は人間に文化を伝えた神だといわれている。これに農耕と炎の神「神農」と、人類創造の女神「女媧」を加えた3柱の神は、中国の神話でもっとも重要な位置を占めていて、3柱あわせて『三皇』という呼び名で尊敬を集めている。

女媧(左)と伏羲(右)。絡み合う蛇体は両者の性交を、つまりふたりが夫婦であることを表現しているという。8世紀中頃の作品。

手抜き作業で人類創造

　中国の神話では、神が人類を作り出した方法について、まったく違う内容の物語が複数知られている。古い神話では、大気中の陰陽の気(エネルギー)が混じり合って人間になったとか、女媧が複数の神と協力して人類を作ったとか、世界の材料になった最初の神「盤古」の寄生虫が人類だ、などという神話などがあるが、どれも民衆には人気がなかった。中国でもっとも人気があった人類起源神話は、女媧が自分ひとりで人類の祖先を作りあげたという物語だ。

　世界にさまざまな生き物が生まれたが、まだ人間だけがいなかったころ。女媧はさびしさをまぎらわせるため、黄色い粘土をこねて、自分の姿によく似た人形を作った。すると泥人形はひとりでに動き出した。これが最初の人類である。

　喜んで何体もの泥人形を作った女媧だったが、だんだん作業に疲れてくる。そこで女媧は、泥水のなかに縄をひたし、縄を振り回して泥水のしずくをまき散らした。すると飛び散ったしずくの一滴一滴が人間に変わったのだ。

　この方法はとても効率がよく、たくさんの人類が作られたが、女媧が自分でこねて作った人間よりは質が低かった。このとき女媧がこねて作った人間の子孫が中国の貴族層であり、粗製濫造した人間が、貧乏人や身分の低い者になったという。

> 聞いたわよ、女媧さんって、元々は中国の少数民族が信仰していた神様が、いつのまにか中国全土で有名になった女神様なんですって!! インディーズからメジャーデビューなんて尊敬しちゃう!!

illustrated by 竹森真太郎

月のカエルは女神のなれの果て
姮娥（こうが）

別名：嫦娥（じょうが）、常娥など　出典：『淮南子』『山海経』など

夫を裏切って神になろうとした美女

　中国では、月の表面の模様がカエルのように見えることから、月の女神もカエルの姿をとることがある。このページで紹介する「姮娥」は月の女神で、絶世の美女でありながら、裏切りの代償として醜いヒキガエルになった存在だ。

　姮娥は元々天上に住む神であり、同じく天上の英雄神「羿（げい）」と結婚していた。ところがこの夫婦は地上に落とされ、神の力や不老不死の力を失ってしまう。

　そこで羿は、冒険のすえに2本の霊薬を手に入れる。この薬には、1本飲めば不老不死に、2本飲めば神になる力がある。羿はこの薬を妻と分け、末永く地上で暮らそうと考えたが、姮娥の意見は違っていた。彼女は天上での暮らしを懐かしむあまり、薬を盗んで2本とも飲み、夫を捨てて自分だけ神に戻ってしまったのだ。

　望みどおり地上を離れた姮娥だったが、夫を見捨てた卑しい女と呼ばれるのが恐くなり、天界に行くのをとりやめて月に身を隠す。しかし彼女が月に着いたころ、彼女の姿は利己的な心のせいで醜いヒキガエルに変わっていたという。

　ここまで紹介した神話は、紀元前の書物『山海経（せんがいきょう）』や『淮南子（えなんじ）』に収録されたものだ。後世の神話は、姮娥に対して同情的な内容に変わっている。西暦980年頃の『太平要覧』によれば、月に渡った姮娥はガマガエルには変わらなかった。ただし彼女は月から出られなくなり、自分のほかにウサギ一羽くらいしかいない月のさびしさに絶望。自分の罪を悔いつつ、永遠に月で暮らすことになったという。

月に住むのはカエルかウサギか

　古代中国では、月の満ち欠けと海の潮の満ち引きが連動していることから、月は水の精だと考えられていた。そのため月には、白い「蚌蛤（はまぐり）」が住むと言じられていた。ところがこの蚌蛤という表記が、時代の流れのなかで伝言ゲームのように変質していく。まず「蚌蛤」が「蟾蜍（ガマガエル）」に変わり、さらに同じ発音の「蟾兔」に変わると、この「蟾兔」の「蟾」の部分がガマガエル、「兔」の部分がウサギを指すことから、月にはカエルとウサギが住むと考えられるようになったのだそうだ。

　日本の民話などで「月にはウサギが住む」とされるのは、この中国の伝承が変化したものだ。『太平要覧』で書かれた月に住むウサギは、不死の薬を作っているのだが、日本の月のウサギは、月で餅をついていることになっている。

> 日本の月のウサギが餅をつく理由？　あんまり話したくないんだけど……じつは、古い日本語で満月を「望月（もちづき）」っていうんだけど、これが「餅つき」と似てるからで……うん、ダジャレなんですホントに。

illustrated by nio

英雄を導く美しき女仙人
九天玄女
きゅうてんげんじょ

別名:玄女、九天玄女娘娘、連理媽　出典:『平妖伝』『水滸伝』など

戦争のすべてを知る女仙

　戦いの女神「九天玄女」は、中国の神話に登場する女性仙人だ。自身の武芸もさることながら、彼女は戦争を勝利にみちびくための「戦略」「戦術」を得意としており、お気に入りの皇帝や英雄にその知恵をさずける。九天玄女の加護を受けたり、彼女の書いた兵法書を扱う者は、戦いで連戦連勝になるという。

　九天玄女は新しい神で、8〜9世紀頃から盛んに中国の文献に登場するようになった。10世紀末に編集された百科事典『太平御覧』では、古くから有名な神話『黄帝と蚩尤の戦い』で、九天玄女が黄帝の援軍として登場し、得意の兵法で黄帝を勝利に導くという、これまでの神話になかったエピソードが追加されている。

　この『太平御覧』では、九天玄女は「鳥の体と人間の頭を持つ仙人」とされているが、時代が進むにつれて、美しい女性として描かれるようになっていく。後世の小説で描かれる九天玄女は、金の刺繍が入った服に、龍や鳳凰のごとく華麗に結い上げた髪など、豪華絢爛な外見の美女として描写されている。しかし九天玄女の「戦いの神」という属性が薄れることはなかった。13世紀頃の物語『平妖伝』では「ふたつの鉄球に見えるが、命じれば、空を飛んで目標を切り裂く神剣に変わる」という、雌雄一対の剣を振るって大活躍する九天玄女を見ることができる。

九天玄女と『水滸伝』

　九天玄女は、英雄の守護神として民衆にたいへん人気のある神だった。彼女が守護した英雄たちのなかで特に有名なのが、運命に導かれた108人の英雄が活躍する群像劇『水滸伝』の主役、梁山泊の面々だ。

　梁山泊とは、腐敗した政府に抵抗する反乱軍だ。主人公の宋江は梁山泊に世話になっていたが、役人に追われて九天玄女のほこらに逃げ込む。九天玄女は不思議な力で役人たちを追い返すと、宋江を夢の中で歓待し、3巻の本を授けた。

　夢のなかの九天玄女が宋江に語るところによれば、宋江は、天上の星が地上に転生した存在である。地上には宋江と同じように星の宿命を持つ者が108人いて、宋江はそのリーダーとして彼らを導く宿命にあるというのだ。

　夢から覚めた宋江は、魔術、戦術、予言をまとめた九天玄女の書を手に活躍し、梁山泊の首領にのぼりつめた。くせ者ぞろいの星の英雄108名を集結させることに成功した宋江は、朝廷の腐敗をただすため戦うことになる。

> 宋江くんの梁山泊は、九天玄女さんの加護で連戦連勝、ただの反乱軍からお国の軍隊に出世するんだけど、最終的には権力争いに負けて崩壊しちゃうんだ。九天玄女さんも、さすがに政治闘争は守備範囲外だったかな。

illustrated by 津雪

良い子悪い子、どっちの子？
マンザン・グルメ&マヤス・ハラ

神族：西天の天神（マンザン・グルメ）／東天の天神（マヤス・ハラ）
マヤス・ハラの別名：ハラ・マンザン　出典：ブリヤート族の英雄物語『アバイ・ゲセル』など

太陽と月から産まれた女神

　モンゴル付近に住む民族「ブリヤート族」の神話では、太古の創造神によって、太陽と月からそれぞれ女神が生みだされた。太陽から生まれた娘がマンザン・グルメ、月から生まれた娘をマヤス・ハラという。

　マンザン・グルメとマヤス・ハラは、それぞれ多くの神々を生みだした。こうして生まれた神のことを、ブリヤート族では「テングリ（天神）」と呼んでいる。ブリヤート神話では、テングリたちが住む天の領域が２つに分かれていて、西の天には太陽神マンザン・グルメから生まれた55柱の善のテングリが、東の天には月神マヤス・ハラから生まれた44柱の悪のテングリが住んでいる。彼らは中立の神々を巻き込みながら、つねに天界で勢力争いをしているのだ。

　ちなみにテングリたちの産みの親であるマンザン・グルメたち姉妹は、どちらも自分の子孫に最高神の座を譲り渡しているが、依然として天の世界で大きな発言力を持っていて、特にマンザン・グルメは神話に登場することも多い。

やっぱりグルメ？　なマンザン・グルメ

　マンザン・グルメは、その名前からどうしても「美食家（グルメ）」の印象がつきまとうが、神話によるとたしかに美食にも目がなかったらしい。もっとも、彼女が好きなのはおいしい食事だけではなく、酒や宴会まで含めたにぎやかな行事で、子孫たちと一緒に飲み食いして騒ぐのが好きだったようだ。

　西天の最高神である「ハンハン・ヒョルモス」が、東天の最高神と一騎打ちをする報告のためにマンザン・グルメを訪れたときも、彼女は６日間ぶっとおしで大宴会を開いた。ふたりは宴会に熱中するあまり、一騎打ちのことをコロリと忘れてしまう。そのため戦いは東天の天神の不戦勝に終わったという。

　別の機会では、ハンハン・ヒョルモスの息子である英雄「ゲセル」が、７つの杯を手土産にマンザン・グルメの館を訪れたが、これを喜んだマンザン・グルメは今回も酔いつぶれてしまう。ゲセルは隙だらけの彼女を尻目に、館からマンザン・グルメ秘蔵の宝を盗んで抜けだした。

　これに怒った彼女は、ゲセルから贈られた７つの杯を天に投げ捨て、逃げるゲセルに向かって母乳を噴射した。このとき７つの杯は北斗七星に、母乳は天の川（銀河）に変わったといわれている。

> また知りたくない事実を知っちゃったわ。このゲセルって人が贈った杯って、７人の鍛冶屋を殺して、その頭蓋骨で作ったらしいのよ。つまり北斗七星は頭蓋骨ってこと!?　宇宙を見る目が変わりそう……。

illustrated by きつね長官

良い子も悪い子もグッドモーニング
ウシャス

神族：ディーヴァ神族　出典：バラモン教の教典『リグ・ヴェーダ』

黄金のドレスで夜空を染める花嫁

　ウシャスは暁の女神である。暁とは、夜が明けて空が明るくなり始め、太陽が完全に空に昇るまでの時間帯のことだ。

　彼女は「黄金の花嫁」という異名を持ち、バラ色のドレスと金色のヴェールを身につけた舞姫という外見で描かれる。腕が4本あったり、額に第3の目がある姿で描かれることも多い。彼女が身につけている服装の色は、朝焼けに染まる空の色と同じである。彼女は朝焼けの終わりと同時に消滅し、また翌日に復活するため、常に若い姿であり続けるという。

古代インドの夜明け

　ウシャスは天空神ディヤウスの子供である。彼女の兄弟には、太陽の神スーリヤ、夜の女神ラートリーなどがいる。古代インドでは、一日を通して変わり続ける空の様子を、ウシャス、スーリヤ、ラートリーの3神の関係で表現していた。

●夜（ラートリー）から明け方（ウシャス）へ

　夜は女神ラートリーが支配する世界であるが、彼女の支配はウシャスの誕生とともに終わりを告げる。

　ウシャスは7頭の牛または馬にひかせた戦車に乗って天空を駆けると信じられていた。東の空からウシャスの戦車が近づくと、漆黒の空はまず藍色に変わり、やがてウシャスのドレスと同じ燃えるような紅色に変わるのだ。このときウシャスは、すべての生あるものに一日の活力を与え、眠りから目覚めさせるのだという。

●明け方（ウシャス）から朝（スーリヤ）へ

　明け方の時間が終わり朝が始まると、東の空から太陽神スーリヤが誕生する。彼はウシャスの恋人または夫だと信じられているが、朝焼けの色がすぐ消えてしまうことからもわかるように、ふたりの出会える時間は非常に短い。

　スーリヤは、ウシャスと同じように7頭の馬か牛に引かせた戦車に乗って空を駆ける神だ。彼は東の空に現れると、先行する恋人ウシャスを追いかける。スーリヤがウシャスに追いつき、その身を抱きしめると、ウシャスは暁の女神という役目を終えて消滅してしまうのだ。

　しかし消滅したウシャスは、また翌日に復活。眠る生き物を目覚めさせ、恋人スーリヤと一瞬の逢瀬を楽しむ。彼女はこれを永遠に繰り返しているという。

> ウシャスさんは、ほかの神様に「悪人を目覚めさせず、永遠に眠らせておいて」と頼まれたことがあるのですけど「ダメ」って言ったそうです。まあ、お目覚めの神様ですから、寝かせておくわけにはいきませんよね〜。

illustrated by アカバネ

生まれ変わってあなたのもとへ
パールヴァティ

神族：ディーヴァ神族　別名：ウマー、ガウリー、チャンディーなど
出典：『クマーラ・サンバヴァ（王子の誕生）』など

最愛の夫のために転生した女神

　女神パールヴァティは、インド神話の最高神である破壊神シヴァの妻で、インドの北にあるヒマラヤ山脈の女神である。シヴァ信仰においては、シヴァの妻が夫の代理としてシヴァの力をふるうという考え方がある。パールヴァティはシヴァによって与えられる恩恵を取り扱う役目があり、破壊や殺戮を取り扱うのはドゥルガー（→p110）という別の妻だ。

　パールヴァティがシヴァの妻になるまでは紆余曲折の物語があった。5世紀の神話物語『王子の誕生』によれば、前世の彼女はサティという名前で、シヴァの最初の妻だった。ところが彼女の父はシヴァを嫌って彼を侮辱したため、サティは自分を恥じて焼身自殺する。サティはヨーガの秘術でパールヴァティとして生まれ変わるが、シヴァはサティの死に心を閉ざし、女性に興味を示さなかった。

シヴァの寺院として有名な、インド南西部、ハレービードのホイサレーシュワラ寺院にあるシヴァ（左）とパールヴァティ（右）の彫像。撮影者:Calvinkrishy

　きたるべき戦いにシヴァの子供が必要だと考えた神々は、愛の神カーマに頼んでシヴァを欲情させ、パールヴァティと結婚させようとするがうまくいかなかった。シヴァは欲望を抑えつけ、報復としてカーマを灰に変えてしまう。

　しかしめげないパールヴァティは、その後もシヴァに愛を注ぎ続ける。シヴァの心は彼女の献身で解きほぐされ、ふたりはふたたび結婚したのである。

象頭の神ガネーシャ

　パールヴァティの子供であるゾウ頭の神ガネーシャは、知識と学問の神として現在でも人気が高い。彼の頭がゾウになった原因には、彼の両親がかかわっている。

　ひとつめの説では、ガネーシャはパールヴァティが男性の彫像に川の水をかけて産み出した存在だ。だがシヴァは、そうと知らずに彼の首をはねてしまう。息子を殺したくない母は、首の代わりにゾウの頭をつけて、息子の命を救ったのだ。

　ふたつめの説の原因はパールヴァティの嫉妬だ。シヴァが自分一人で息子を産み出し、それが大変な美形であることに嫉妬した彼女は、ガネーシャに呪いをかけて、ゾウの顔に変えてしまったのだという。

> ねえねえこれ見て、チョーかっこいい！　シヴァさんとパールヴァティさんが「シンメトリカルドッキング！」すれば、右が男で左が女の両性具有神「アルダーナリシュヴァラ」のできあがり！　んーっ、ザ・パワー！

108

illustrated by シコルスキー

破壊神も手を焼く武闘派女神サマ
ドゥルガー＆カーリー

神族：ディーヴァ神族　ドゥルガーの別名：カートヤーニー、バヴァーニー
カーリーの別名：カーリー・マー

勝利の女神ドゥルガー

　パールヴァティ（→p108）と並び立ち、ときに同一神格とすらいわれることがあるシヴァの妻「ドゥルガー」は、破壊と殺戮、そして戦いの女神だ。彼女は10本あるいはそれ以上の数の腕に、神々からプレゼントされた武器を持った姿で描かれる。名前の意味は「近寄りがたき者」であり、荒ぶる破壊の女神にふさわしい。だが一部の神話では、この名前は彼女本来のものではなく、ドゥルガーという魔神を彼女が退治し、名前を奪ったとされている場合もある。

　戦いの女神であるドゥルガーは、生まれた瞬間から戦場にいた。かつて神々の敵であるアスラ族が天界を奪い、奪還しようとする神々との大戦争が起きたとき、ふたりの最高神ヴィシュヌとシヴァが、口から光線を放ってアスラを攻撃した。このとき、両者の光線が重なり合ったところから、ドゥルガーが生まれ出たのだ。神々は生まれたばかりのドゥルガーに自分の武器を与えて戦いに送り出し、彼女はアスラ族の王である牛の姿の魔神マヒシャを討ち取った。この逸話から、ドゥルガーは現在でも「勝利の女神」としてインド人に深く信仰されている。

黒い肌の殺戮神カーリー

　戦の女神ドゥルガーは、その身からさらに危険な殺戮の女神を産み出している。その名は「カーリー（黒き者の意味）」といい、全身が青または黒に染まり、黒い髪と長い舌、額に第3の目、4本の腕を持っている。首には彼女が討ち取った悪魔たちの生首、あるいは骸骨複数が、ネックレスのようにぶらさげられている。

　カーリーは、戦いに向かったドゥルガーが、怒りのあまり顔を真っ黒に染めたとき、その額から生まれたという女神である。殺戮と流血を好む戦闘神であり、自分の血液から分身を作る悪魔を「血を全部飲み干して」倒したという逸話で有名だ。この戦いのあと、カーリーは勝利に狂喜乱舞し、そのせいで大地が割れんばかりに震えた。カーリーがこれ以上地震の被害を増やさないよう、シヴァはカーリーの足下に寝そべってみずから踏まれることで、地面が揺れないようにしたという。

シヴァを踏みつける女神カーリーの像。インドの主要都市カルカッタの「All Youth Friends' Club」収蔵。撮影者：Arnab Dutta

> カーリーさんは、敵を倒して任務が終わると、そのたびにドゥルガーさんのおでこの中に帰って行くんだそうですよ〜。母艦搭載機能つきですが、なんだか他人の気がしないですねぇ〜（ゼウスの脳内に戻りながら）

illustrated by すーぱーぞんび

生まれ変わってもアナタの隣
ラクシュミ

神族：ディーヴァ神族　　別名：シュリー、パドマヴァーティ、チャンチャラー、吉祥天、その他無数に
出典：『マハーバーラタ』など

蓮の花に立つ女神

　女神ラクシュミは、4本の腕を持つ美の女神であり、同時に「幸運」「出産」「豊穣」など、たくさんの加護を与える神でもある。

　ラクシュミのシンボルは蓮の花であり、彼女の肖像画も巨大な蓮の花の上に乗った姿で描かれることが多い。蓮というのは泥まみれの沼地で生息し、汚れた泥のなかから出てきたとは思えないほど美しい花を咲かせることから、不死や清浄、そして子供を産み出す「女性の子宮」をあらわす植物となっている。出産の女神であるラクシュミにはふさわしい植物といえるだろう。

　ラクシュミは、初期のインド神話から存在していた古い神だったが、後期のインド神話で「維持神ヴィシュヌの妻」という設定を与えられてから、非常に人気のある女神になった。彼女がヴィシュヌの妻となった経緯は、4世紀前後に成立した比較的新しい神話物語『マハーバーラタ』などに掲載された「乳海撹拌」の物語のなかで語られている。

　「乳海撹拌」とは、神々と悪魔が、不老不死の薬を作るためにすべての海をかき混ぜるという壮大な物語だ。ラクシュミは、海中の生き物がミキサーにかかったように砕かれた「乳海」のなかから生まれてきた。その美しさにすべての神や悪魔が魅了され求婚したが、彼女はそのなかからヴィシュヌを自分の夫に選んだのだ。

四本腕の姿で描かれた、典型的なラクシュミの肖像画。絵画ではラクシュミの女性美を強調するため、わざと2本腕の姿で描かれることも多い。

夫ともに転生する女神

　ラクシュミの夫であるヴィシュヌは、本来と違う姿に転生し、さまざまな善行をなすと信じられている。このヴィシュヌの化身は「アヴァターラ」と呼ばれる。アヴァターラの多くは、インドの英雄物語の主人公となっている。

　ヴィシュヌの転生は10回行われ、10体の違うアヴァターラが存在する。ヴィシュヌがアヴァターラに転生すると、それにつき従う様にラクシュミも転生し、アヴァターラのパートナーとして転生先でも活躍するのだ。ラクシュミのおもな転生体には次ページのような者がいる。

> インドの女神様ってオッパイおっきい子が多いんだけど、ラクシュミちゃんはそのなかでも特に爆乳で有名なんだってさ。あー、そうそう、スクルドちゃんには内緒でよろしくっ！（スクルドの胸をチラ見しながら）

illustrated by C-SHOW

●シーター(転生7回目)

　インドでもっとも重要な英雄物語のひとつ『ラーマーヤナ』の主人公であるラーマ王子は、ヴィシュヌの7番目のアヴァターラだ。ラクシュミの転生体は、ラーマ王子の婚約者であるシーター姫。『ラーマーヤナ』は、悪魔ラーヴァナに誘拐されたシーターを、ラーマ王子が助け出すまでの物語である。

●ラーダー(転生8回目)

　乳海撹拌の物語が収録された『マハーバーラタ』の主人公は、ヴィシュヌのアヴァターラ「クリシュナ」だ。ラクシュミはこの物語でも、クリシュナの恋人「ラーダー」に転生。ふたりの恋模様が物語の主題になっている。

　このほかにも、ヴィシュヌは世界の終末に「カルキ」という者に10回目の転生をはたすことになっている。ただし現時点で世界の終末は来ていないので、カルキに対応するラクシュミの転生体が何者かはまだわかっていない。

アヴァターラはあとから作られた

　ラーマ王子やクリシュナがヴィシュヌのアヴァターラだということはインド人の常識になっているが、じつはこの設定は、物語の初期には存在しなかった。そもそもアヴァターラとは、インド古来の宗教「ヒンドゥー教」の信者のうち、特にヴィシュヌ神を信仰する一派が、世間で人気の神や英雄にヴィシュヌを結びつけて、布教を有利に進めるために作った後付け設定に過ぎないのだ。

　たとえばヴィシュヌの9人目のアヴァターラは「ゴータマ・ブッダ」とされている。仏教の開祖であるブッダその人のことだ。これもヒンドゥー教が、新興宗教である仏教との信者獲得競争のために勝手に広めた説だ。当然仏教側は、ブッダがヴィシュヌのアヴァターラだと認めていない。

仏教での名前は「吉祥天(きっしょうてん)」

　インドで生まれた仏教は、それまでインドで信仰されていた神の多くを、仏教の守護神として取り入れている。インド仏教の教典は中国語に翻訳されたため、漢字の名前が知られてる。ラクシュミの中国仏教での名前は「吉祥天」だ。

　吉祥天の立像は各地にあるが、京都の浄瑠璃寺、滋賀の園城寺、山梨の福光園寺にある物が特に有名だ。中国伝来の仏像は、色がついていないか単色の物が多いのだが、日本で作られた吉祥天の仏像は、多くの色を使って華やかに彩られた物が多い。これは、美の女神である吉祥天を美しく飾るためだという。名前や場所が変わっても、ラクシュミは美の女神として一目置かれているのだ。

京都の浄瑠璃寺が収蔵する吉祥天像(重要文化財)の写真。長い年月で色あせているが、極彩色の美しい衣服が見て取れる。

日本 Japan

この章では、日本古来の神話に登場する女神を中心に紹介しつつ、その後に中国を経由して日本に入り、独自の進化を遂げた仏教の女神、北海道の原住民であるアイヌ族の神話に登場する女神、沖縄の琉球王国で信仰されていた女神など、日本全土の女神を紹介します。

illustrated by 粗茶

此花咲耶比売

戦も政治もママにおまかせ
天照大神
あまてらすおおみかみ

別名：天照大御神、皇大御神（すめおおみかみ）、大日孁貴神（おおひるめのむちのかみ）
生誕地：阿波岐原（現在の宮崎県宮崎市阿波岐原町）　　出典：『古事記』『日本書紀』

女だてらに最高神

　世界の神話では、神々のリーダー「最高神」は、男神がつとめることが多い。日本神話の太陽神「天照大神」は、世界的に珍しい、女性の最高神である。天照大神は、人間に稲作とカイコの養殖を教えたり、天皇家を守護する女神だ。

　天照大神は、日本列島の大地を作った創造神、伊邪那岐から生まれた。彼は死せる妻「伊邪那美」を連れ戻すために黄泉の国に入ったため、体に穢れがこびりついていた。そこで伊邪那岐は、現在の宮崎県にある阿波岐原という場所で川に入り、穢れを洗い流し始めたのだ。伊邪那岐が服を脱いだり汚れを落とすごとに新しい神が生まれ、最後に顔を洗ったときに左目（『日本書紀』では右目）から生まれたのが天照大神だといわれている。このとき同時に生まれた神が、月読と須佐之男である。この三兄弟は、もっとも貴い子たちという意味で「三貴子」と呼ばれ、天照大神は天上世界「高天原」を、ほかのふたりも別の世界を支配することになった。

　神話のなかで天照大神は、勇ましく、家族思いの母親という性格で描かれている。暴れん坊の弟「須佐之男」が高天原に乗り込んできたときは、みずから武器を取り、男装して彼を迎え撃ったし、自分の子孫に地上の支配権を与えようと考えたときは、日本土着の神「国津神（→ p196）」と粘り強い交渉を行って、地上の支配権を獲得。彼女が地上に送り込んだ子孫は、日本の天皇家の先祖になった。

天照大神の「岩戸隠れ」

　じつは、天照大神の神話のなかで一番有名なのは、強く家族思いな母親という彼女のイメージに反する内容だ。物語の名前は「天照大神の岩戸隠れ」といい、精神的ショックを受けた天照大神が洞窟に引きこもるという内容になっている。

　あるとき、弟の須佐之男が高天原で暴れ回り、女神が命を落とすという事件が起きる。弟の蛮行に心を痛めた天照大神は、雨岩屋という洞窟に引きこもり、入り口を岩で閉ざしてしまった。太陽の化身である天照大神がいなくなったせいで、世界は暗闇に包まれ、悪神たちが暴れ回るようになる。そこで神々は一計を案じ、洞窟の前で大騒ぎを始め、天照大神が気になって顔を出したところを強引に引きずり出した。こうして世界には太陽の光と平穏が戻ったという。

　この神話は、日蝕、冬至（日照時間が短くなる）、冬から春への移り変わりなど、なんらかの自然現象を説明するために作られた神話だと考えられている。

> 天皇家の三種の神器の「八咫鏡」って知ってる？　じつはアレ、岩戸に逃げたわたしに「外に出てこーい！」ってする作戦のために作られたんだよね。あれ見るたびに昔のヒッキー姿が思い出されて黒歴史とゆーか……

illustrated by C-SHOW

稲穂の八姉妹最後の生き残り
櫛名田比売（くしなだひめ）

神族：国津神　別名：奇稲田姫（日本書紀）
生誕地：出雲国肥ノ川鳥髪（現在の島根県の斐伊川上流）　出典：『古事記』『日本書紀』

大蛇に狙われた稲作の女神

　日本の神話に登場するモンスターと言えば、多くの人が、八つの頭を持つ大蛇「ヤマタノオロチ」のことを真っ先に思い浮かべるだろう。このページで紹介する女神「櫛名田比売」は、ヤマタノオロチ退治の神話のヒロインだ。

オロチを倒すスサノオ。左上に櫛名田比売が描かれている。幕末から明治初期の浮世絵師、月岡芳年の作品。

　櫛名田比売は歴史書『古事記』での表記で、別の歴史書『日本書紀』では奇稲田姫と書かれる。後者の名前からすぐにわかるとおり、彼女は稲と田んぼの女神で、日本人の主食である米をもたらしてくれる重要な存在なのだ。

　櫛名田比売が登場するヤマタノオロチ退治の神話の主人公は、天照大神（→p116）の弟、須佐之男である。彼が神々の住む高天原から、出雲国（現在の島根県）に降り立ったとき、老夫婦がひとりの娘を囲んで泣いているところに遭遇した。聞くところによれば、老夫婦の娘は8人いたが、7人がヤマタノオロチに食われてしまい、生き残ったのはここにいる櫛名田比売だけなのだという。

　須佐之男は、櫛名田比売を嫁にもらうことを条件に、オロチ退治を約束する。彼は櫛名田比売を装飾品の「櫛」に変身させて自分の髪にさすと、酒で満たした巨大な桶を8つ用意して周囲に隠れる。酒を飲み干したオロチが酔いつぶれて寝たところで、須佐之男はすかさずオロチを斬り殺したという。その後、櫛名田比売は須佐之男と結婚し、多くの子供を産んだ。その6代先の子孫が、因幡の白ウサギの説話で有名な、日本の統治者「大国主（→p195）」なのだ。

女神の意味は、豊作を願う人柱か

　ヤマタノオロチの物語には隠された意味があるといわれる。そもそもオロチは、日本の山と川、荒ぶる自然と災害の象徴である。そして櫛名田比売は、災害でだめになった稲穂や、災害を鎮める「人柱」の象徴でもあったという説がある。

　のちに人々は、治水工事などで川の氾濫を防ぎ、安心して作物を育てられるようになる。須佐之男と櫛名田比売の物語は、人間が知恵の力で自然の脅威を克服する課程を、神話のかたちであらわしたものだと解釈することもできるのだ。

> クシナダさんは、災害をしずめるために犠牲になった「人柱」の神格化だという説があるそうです～。ギリシャでも人柱の習慣はありますけど……あ!! わたくしは人柱なんて求めませんよ、も～。

illustrated by おにねこ

火だるま出産で潔癖証明
木花之佐久夜毘売(このはなさくやびめ)

神族：国津神　別名：木花之佐久夜毘売（古事記）、木花開耶姫（日本書紀）、
神阿多都比売（カムアタツヒメ）、葦津姫（カヤツヒメ）　出典：『古事記』『日本書紀』

花のような繁栄をもたらす女神

　日本神話に登場する美しい女神「木花之佐久夜毘売（以降、コノハナサクヤ）」は、日本の初代天皇「神武天皇」の曾祖母にあたり、天皇家に咲き誇る花のような繁栄をもたらした女神だ。現在の神社などでは、コノハナサクヤは安産と火の女神として、場所によっては水の女神として信仰されている。

　また、コノハナサクヤとは「木に咲く花のように美しい」という意味なので、彼女は日本を代表する花「桜」の女神ともされる。ある神話によれば、桜の木が日本中にあるのは、彼女が富士山の頂上から日本中に種をまいたからだという。

　コノハナサクヤが登場する物語は、天皇家の祖先が神々の住む場所「高天原」から地上に降り立ち、日本を統治するまでを描いた『天孫降臨（→p195）』の神話である。高天原の最高神、天照大神（→p116）の孫である瓊瓊杵尊は、日本を統治する使命を帯びて高天原から九州に降り立った。そこで出会ったのが、オオヤマツミという神の娘、美しいコノハナサクヤだった。

　彼女に一目惚れした瓊瓊杵尊は結婚するが、コノハナサクヤは結婚初夜でいきなり妊娠。あまりに早すぎる妊娠に、瓊瓊杵尊は不貞行為を疑った。つまり彼女のおなかの中にいるのは、結婚前に別の男と作った子供ではないかというわけだ。

　これに怒ったコノハナサクヤは、自分がいる出産小屋に火をつけ、「瓊瓊杵尊の子供なら、火の中でも無事に生まれるはずだ」と言い切り、宣言どおりに火の中で3人の子供を産んだ。この神話から、彼女は安産と火の神になったのだ。

天皇の寿命が短くなったワケ

　コノハナサクヤの神話では、神の子孫である天皇の寿命が、ふつうの人間と変わらない理由が説明されている。

　瓊瓊杵尊の求婚に対し、コノハナサクヤの父であるオオヤマツミは、コノハナサクヤ本人と、彼女の姉である「石長比売」を妻として与えるのだが、瓊瓊杵尊は容姿が醜い石長比売を送り返してしまう。これがいけなかった。

　石長比売の「石」とは、「変わらないもの」すなわち「不死」を意味する。いっぽうコノハナサクヤの「花」は「繁栄」を意味していた。瓊瓊杵尊はコノハナサクヤを妻にしたことで将来の繁栄を手に入れたが、石長比売を追い出したせいで不死性を手に入れ損ね、彼の子孫は人間並みの寿命しかもたなくなってしまったのだ。

> 咲耶ちゃんは火の中で子供産んでもピンピンしてたから、水の女神としても信仰されてるんだ。富士山の浅間大社が咲耶ちゃんをまつってるのは、富士山がドッカーン！　したときに噴火を鎮めてもらうためらしいよ。

illustrated by 八城惺架

華麗なる変身旅行、インド発日本行き
弁財天(べんざいてん)

出身：インド神話、仏教神話、神道伝承　別名：サラスヴァティ、弁才天
生誕地：インド　出典：日本神道、仏典『金光明経』、インドの教典「リグ・ヴェーダ」など

七福神の紅一点

　宝船に乗った7人の福の神「七福神」のなかに、ただひとりだけいる女性の神、それが弁財天だ。弁財天は「琵琶(びわ)」というギターのような楽器を持った美しい女性として描かれ、信仰する者のお金が貯まるように助けてくれる。

　七福神の神々は中国風の服装で描かれるため気づかない人も多いと思うが、「七福神」という信仰形態は日本神道独自のもので、中国にも韓国にもこういった信仰は存在しない。七柱の神々は、どれも別々の神話や宗教からの借り物なのだが、特に弁財天は、七福神の一員になるまでに長い変化の歴史をたどってきた。時代を順にさかのぼり、元々弁財天がどんな存在だったかを説明していこう。

ほんとの名前は弁"才"天

　弁財天の元になったのは仏教の女神だ。七福神の弁"財"天という文字は当て字で、本来の名前は弁"才"天という。彼女は川と知恵と芸能の女神であり、特に歌や音楽の才能を授けてくれることから「妙音弁才天(みょうおんべんざいてん)」という名前で呼ばれることもある。

　仏像などで造形される弁才天の外見は、腕が8本、あるいは2本腕の女性である。腕が8本ある弁才天像は、それぞれの手に剣や矛などの武器を持っていて、しばしば鎧を身につけるなど、音楽や知恵よりも「戦う神」として造形されている。逆に腕が2本の弁才天は、女性美や「音楽」の属性を強調した造形をされていて、七福神の弁財天と同じように琵琶を持った姿で造形されることが多い。

滋賀県の宝厳寺にある、八本腕の弁才天の座像。剣、矛、槍などの武器を持っているのが確認できる。撮影者：663highland

　弁才天は、仏教とともに中国からやってきた、外来の女神だ。弁才天の名前は、4世紀頃に中国で書かれた『金光明経(きんこうみょうきょう)』に記されており、これが約200年後の仏教伝来によって日本に伝わった。『金光明経』の内容は、お経をとなえ、仏教のルールにしたがって国をおさめれば、弁才天をふくむ仏教の神々が国と国民を守ってくれるという内容になっている。八本腕の弁才天が手に武器を持ち、甲冑を着ているのは、仏教の信者や日本という国を攻撃してくる、悪い存在と戦うためなのだ。

川と幸運の女神サラスヴァティ

　中国から日本にやってきた弁才天は、中国古来の女神ではない。その源流はインドにある。インドの女神「サラスヴァティ」こそ、弁才天の正体だ。彼女は額に三日月の模様をつけた、白い肌の優美な女性神である。腕は２本あるいは４本以上で、白鳥またはクジャクに乗っているか、蓮の花に腰掛けている。

　インドの宗教「バラモン教（→p189）」は、神話のなかに豊富な女神を持つ宗教だ。そして新興宗教としてインドで生まれた仏教は、バラモン教の神々を、仏教の神としてほとんどそのまま取り入れた。やがて仏教が中国に伝わると、インドの言葉で書かれた教典が中国語に翻訳される。このときサラスヴァティは「弁才天」という漢字を当てられることになったのだ。

　本書の108ページ以降では、インドの神話に登場する３人の最高神の妻となった女神たちを紹介してきた。サラスヴァティもその仲間で、彼女は創造神ブラフマーの妻として設定された女神だ。彼女はインドの原始的な信仰で川の女神として作られたが、神話が発展して創造神ブラフマーという存在が作られると、ブラフマーの妻という役割を与えられた。また、川の「流れる」という特徴からの連想で、流れる音楽、流れる様な弁舌、あふれ出る知識の女神という特徴も獲得した。この時点でサラスヴァティは、中国の弁才天が持つ特徴をほぼすべて手に入れている。

　インドの神話において、サラスヴァティがはたしたもっとも重要な役割は、神々に不老不死の力を与える「アムリタ」あるいは「ソーマ」を発見したことだ。新しい時代のインド神話では、アムリタは『乳海攪拌』（→p112）という出来事によって生まれたことになっているが、それ以前の神話では、アムリタはサラスヴァティがヒマラヤ山脈で発見したことになっているのだ。

ヴィーナという楽器を持つ、美しいサラスヴァティ。彼女の夫ブラフマーは、彼女の美しい姿を見逃さないために、顔の数を５つに増やしたという。19世紀末のインド人画家、ラヴィ・バルマ画。

龍になった弁才天

　弁才天は龍の姿をとることがある。「祇園精舎の鐘の声、諸行無常の響きあり」で有名な『平家物語』の異本『源平盛衰記』には、琵琶の達人である平氏の武士の演奏に誘われて、白い龍の姿をした弁才天があらわれる場面があるのだ。物語の舞台となった琵琶湖の竹生島神社では、弁才天を「白龍弁才天」と呼んでいる。

　これは、インドのサラスヴァティや中国仏教の弁才天にはまったくない特徴である。日本の神話では、水の神は蛇神、さらに言えば龍神と考える傾向があるため、水の女神である弁才天も龍の姿を獲得することになったのだという。

> サラスヴァティさんってわりといい加減な人で、ダンナの晴れ舞台に平気で遅刻したりするらしいの。よその神様ってもっと真面目かと思ってたらそうでもないのね。わたしもむりやり勉強しなくてもいいんじゃない？

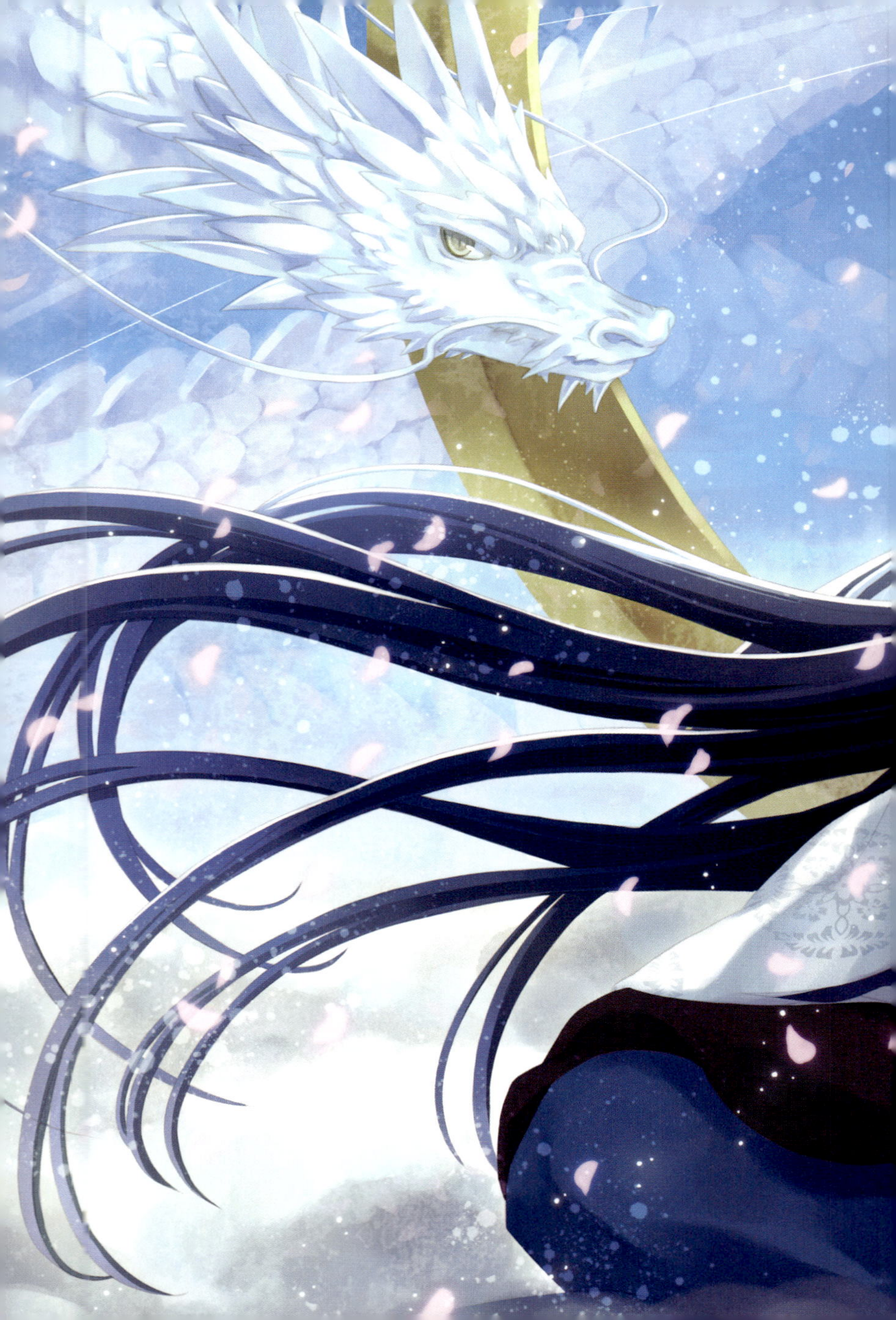

illustrated by 八城煋架

うっかり女神の落とし物
マチネカモイ

別名：マツネカムイ　出典：アイヌの口承神話

兄と一緒に国づくり

　北海道の先住民であるアイヌ族の神話では、北海道の大地を創ったのは「国造神（コタンカラカムイ）」という男性の神だが、その補佐役としてマチネカモイという女神が登場することがある。国造神とマチネカモイの関係は、神話を語り継いできた人ごとに違い、妹であったり妻だったりする。

　アイヌ語では、マチネカモイという言葉が「女神」という意味の一般名詞として使われるため、アイヌの神話の「マチネカモイ」がすべて同じ存在かどうかは断言しにくい。しかし、日本中の神話民話を紹介する同朋社《日本昔話通観》では、単に「女神」と書く場合は国造神の補佐役である女神を指しているので、この本でもそれにならって、国造りの女神すべてをマチネカモイとして紹介する。

マチネカモイの３つの伝説

　北海道各地で断片的に伝えられているマチネカモイの神話には、コミカルな内容のものが多い。そのなかから代表的なものをいくつか紹介しよう。

●マチネカモイ伝説その１：働かない女神
　男女の神が北海道を作るために地上に降りてきたときのこと。東半分を担当する男神（コタンカラカムイ）は熱心に仕事をこなしたが、女神（マチネカモイ）はおしゃべりばかりで仕事をせず、締め切り間近になってあわてて仕上げをした。北海道の西海岸がでこぼこした形をしているのは、女神が雑な仕上げをしたせいだという。

●マチネカモイ伝説その２：全裸は控えめに
　アイヌの人々が狩りや漁のやり方を知らず、全裸で生活しているのを見て、神々は地上に男神（コタンカラカムイ）と女神を送り込んだ。男神は狩りと漁のやり方を教え、女神は火のおこし方や着物の作り方を教えたという。

●マチネカモイ伝説その３：落とし物からいろいろ誕生
　北海道北西部を流れる石狩川の支流で、国造神（コタンカラカムイ）が熊に怪我をさせられた。それを聞いた女神は泣きながら兄のもとに走るが、そのとき女神が吐いた唾は白鳥に変わり、女神と同じ鳴き声になった。鼻水は地面に落ちて萱という植物になった。

　さいわい国造神の怪我は軽かったので、ふたりは持ち物を置いて天上の国に帰ることにした。女神が外した貞操帯はタコに、下着は亀に、陰毛は「野刈安（のがりやす）」という雑草に変化したといわれている。

> アイヌ人の先祖はクマかシャケのどっちからしくくって、えっと、い、陰毛の濃さで見分けられるらしいわ。濃いほうがクマの子孫らしいけど……ちょっ!?　なに見てるの!?　教えてあげるわけないでしょ！

illustrated by 河内やまと

天から土砂を運びましょう
アマミキヨ

別名：天摩美久（アマミク）
出典：『おもろさうし』『中山世鑑』『琉球神道記』など

沖縄諸島を作った女神

　日本本土の神話では、日本列島は「伊邪那岐と伊邪那美」という夫婦の神が、海をかきまぜて国土を作ったことになっている。古来より日本とは違う文化を伝えてきた琉球王国（現在の沖縄）でも、これに似た神話と神が登場する。日本神話の女神伊邪那美に対応する女神は、琉球では「アマミキヨ」あるいは「天摩美久（アマミク）」と呼ばれている。彼女は琉球の島を形作っただけでなく、人間に稲と穀物の種を与え、農業のやりかたを教えた女神だ。

　江戸時代初期にあたる1650年に成立した、琉球最古の国家公認歴史書『中山世鑑』の神話では、琉球の国作りは夫婦神ではなく、女神アマミクひとりで行われた。

　彼女が天帝の命令で地上に降りたつと、そこには波がかかれば見えなくなるくらい海抜の低い島々が無数にあったので、アマミクは天から土や石、草木を持ってきて土地を盛り上げ、現在の沖縄諸島を作ったという。その後アマミクは、天上から一組の男女を連れてくる。すると男の精子が風に運ばれて女の体に宿り、そこから地上の人々の先祖が生まれていったそうだ。

　『中山世鑑』より27年前にまとめられた、琉球の歌の歌詞を集めた本『おもろさうし』（"おもろ"は歌という意味）に収録された神話では、アマミキヨとシネリキヨという夫婦神が、太陽神の命令で国土を作っている。天界から土石草木を持ってきて島を作るのは『中山世鑑』と同様だが、アマミクの場合と違い、人間の先祖はアマミキヨとシネリキヨが結婚して生まれた子供だということになっている。

アマミキヨが降りた島「久高島」

　沖縄には「アマミキヨが最初に降りた地」といわれる場所がいくつかある。なかでも有名なのが、沖縄本島の南東にある、全長約4kmの細長い島「久高島」だ。琉球の神話に登場する異世界「ニライカナイ」につながるとされる聖地で、いまでも島中に聖域が散在。そのなかには男子禁制の霊場もある。

　琉球では神との交信を「ノロ（祝女）」と呼ばれる一種の女性神官が担当していたが、久高島では、その資格を持つのは30歳以上の既婚女性だけだ。久高島では20世紀になったあとも、ほかの地域では廃れてしまったノロ制度が活きていて、12年に1回、新しいノロを任命する式典「イザイホー」が行われていた。しかし後継者の不足から、イザイホーは1978年を最後に行われないままになっている。

> はーいみんなー？　じつは琉球には、女の子が太陽光で妊娠するっていう伝承があるんだよ〜。未婚の母になりたくない沖縄の女の子は、光と風に十分気をつけてね〜、って、いくらなんでも無理か！

Illustrated by 白狼

日本神話とギリシャ神話はどうして似ているのか？

アマテラスとメティスが紹介したエピソードのほかにも、日本の神話とギリシャの神話には似た内容の物語がたくさんある。たとえば以下のとおりだ。

日本神話の物語	ギリシャ神話の物語
須佐之男の乱暴に怒った天照大神（→p116）が岩戸に隠れる。ある女神が性器を露出して踊ったので、天照は岩戸から出てきた。	デメテル（→p40）は娘を連れ去られたせいで物を食べなくなる。ある女神が性器を露出してふざけたので、デメテルは食物を口にした。
伊邪那岐は、黄泉（死者の国）にいった妻、伊邪那美を取り戻しに行くが、伊邪那美はすでに黄泉の食べ物を食べていたので、地上に戻れなくなっていた。	ペルセポネ（→p40）は冥界の王ハデスに誘拐された。ペルセポネは冥界でザクロの実を食べたため、あやうく地上へ帰れなくなるところだった。
三姉弟は最高神の天照大神が天界を、須佐之男が海原を、月読が夜の世界を統治する。	三兄弟のうち最高神ゼウスが天界を、ポセイドンが海を、ハデスが死者の国を統治する。

これら神話の類似は偶然ではない。日本神話の専門家、大林太良博士は、日本神話にはギリシャから伝わった物語があることを指摘している。日本までギリシャ神話を運んだのは、中央アジアの騎馬民族、スキタイ人だという。

スキタイ人は定住地を持たない騎馬遊牧民で、西はヨーロッパ東端の「黒海」、東は中国東北部までの非常に広い範囲を移動しながら暮らしていた。そして彼らは、ギリシャの文化の影響を強く受け継いだ民族だった。

大林によれば、中国東北部にたどりついたスキタイ人の神話は朝鮮半島に伝わり、当時日本と友好関係にあった「百済」などを通じて日本に伝わった。上で紹介した日本神話の物語は、ギリシャから複数の民族を経由して、伝言ゲーム式に受け継がれてきたというわけだ。

> というわけで、お姉さんたちが登場する日本神話の物語の一部は、メティスさんのギリシャ神話が元ネタかも？　というお話でしたとさ。

> 実際に、ギリシャ神話ができたのは3000年くらい前ですし？日本神話ができたのはだいたい1500年くらい前ですから〜、その1500年のあいだに、神話が大陸をわたった可能性は十分にありますね〜？

> スケールの大きな話だけど、もうおどろかないわ。だって96ページで、中東で生まれた神様が世界を半周した話を聞いたばかりだもの。

南北アメリカ、オセアニア
America & Oseania

この章で紹介する女神たちは、アメリカ大陸北部の極寒地帯に住む原住民「イヌイット」や、中央アメリカの三大文明「マヤ、アステカ、インカ」で信仰されていた女神と、ハワイやオーストラリアといった太平洋地域（オセアニア）で信仰されていた女神です。

illustrated by 粗茶

オメシワトル

夜空にスカートはためかせ
オメシワトル

別名：オメテオトル（両性具有形）、シトラリクエ、トナカシワトル　出典：アステカ神話

男女の両性を内包する神

　アメリカ大陸の三大文明として知られるアステカ文明は、日本の戦国時代にあたる15〜16世紀に栄えた比較的新しい文明だ。彼らの神話「アステカ神話」には、オメシワトルという天空の女神が、世界を作った物語が伝わっている。

　オメシワトルは女神ということになってはいるが、実際には「両性具有の神」といったほうが的確だ。彼女はアステカ神話の両性具有の創造神「オメテオトル」のうち、女性的な面だけをあらわす神格なのだ。ちなみにオメテオトルの男性面をあらわす神は「オメテクトリ」で、彼はオメシワトルと夫婦だとする神話もある。

　オメテオトルは、男女の両性をあわせ持つのと同じように、太陽と月、光と闇、秩序と混沌など、対立する概念すべてを内包している偉大な神だ。そしてオメテオトルは男女の両性を持つため、ひとりで子孫を産むことができる。アステカ神話のあらゆる神、生物、物体は、すべてオメテオトルから産み出されたのだ。

　アステカ神話には人類創造の神話も伝わっているが、そのひとつでは女性形であるオメシワトルが重要な仕事をしている。彼女はあるとき、石でできたナイフを地面につきたてることで、1600人もの人間の英雄を産み出した。彼らには子孫を残す力が備わっていなかったが、不死の力を放棄する代わりに別の神の助けを受けて、子供を産む能力を身につけたという。

　あまりに偉大な神であり、人間の日常生活と縁遠い神だったオメテオトルには、神の姿をあらわす像や絵が残されていない。現在残されているオメテオトルの偶像は、手形や足形などに限られている。

星のスカートをはく女神

　アステカを始めとする中米の神々は、神としての特徴は同じでも、信仰された時代や地域ごとに名前が変わることが多い。オメシワトルにも「シトラリクエ」や「トナカシワトル」という別名がある。

　特に有名なのはシトラリクエで、この名前には「星のスカートの女神」という意味がある。アステカの人々は、天空に輝く星々のことを、天空の女神シトラリクエのスカートの模様だと考えていたのだ。

　シトラリクエは元になったオメシワトルとは違い、壁画にその姿を描かれることがある。壁画では「星のスカート」は、青く波打つ布として表現された。

アステカ神話

　オメシワトルはあんまり偉大すぎて、人間から遠い感じがするから、もっと身近な神に作り替えよう！　なんて動きがあったそうよ。身近な神ってどんなの？　やっぱ握手会とかやったほうがいいの？

illustrated by ふみひろ

身投げて守った女のプライド
カビヤカ

信仰拠点：ペルー　別名：カビリャカ　出典：インカの創造神話

不本意な妊娠を強いられた女神

　南米大陸の北西部、ペルー周辺に隆盛した文明「インカ帝国」で信仰された女神のひとり。彼女は汚れを知らぬ身で子供を産んだ、処女受胎の神として有名だ。

　カビヤカの受胎は、不条理と不幸に満ちている。カビヤカは非常に美しい女神だったので、インカの創造神ヴィラコチャは彼女に求婚するが、カビヤカは身なりの汚いヴィラコチャに見向きもしない。そこでヴィラコチャは、鳥に変身して彼女を空から監視し、彼女に自分の子供を産ませるため策略をめぐらせる。

　ある日ヴィラコチャは、カビヤカが木の下でうたた寝している隙に、木に実っている果実に自分の精液を注ぎ込み、その実をカビヤカの近くに落とした。何も知らないカビヤカはこの果実を食べ、処女のまま妊娠してしまったのだ。

　やがてカビヤカは子供を出産するが、父親が誰なのかわからないので、神々を集めて調査を行った。子供を自由にすれば、子供が這っていった先にいるのが実の父親だろうと考えたわけだ。カビヤカの子供は、美しい服を着た神々ではなく、ボロを身にまとった汚らしい神の前にたどりつき、その足にしがみついた。もちろんこの神は、人間の姿に戻ったヴィラコチャである。汚らしい神に我が身を汚されたことを知ったカビヤカは、恥ずかしさと怒りのあまり、子供をかかえて走り去る。彼女はそのまま海に身を投げ、母子ともども岩に変わってしまったという。

嫌われ者の創造神

　カビヤカを妊娠させた創造神ヴィラコチャは、天地や人間を作り、土地や水路を人間に与えた偉大な神だ。しかし、その実績に反して、ヴィラコチャは神々や人間に嫌われていたようだ。これは、カビヤカの神話にも出てきた汚い身なりだけでなく、彼の自己中心的な性格も原因だと思われる。

　たとえばヴィラコチャは、カビヤカが子供を連れて逃げたとき、さまざまな動物たちにカビヤカの居場所を聞いている。このとき、返答の内容によって、動物たちの待遇に差をつけているのだ。ピューマは「まだカビヤカに追いつける」とはげましたので、ヴィラコチャはピューマを祝福し、獣の王としての権力を与えた。逆にキツネは「もう追いつけないからあきらめろ」と忠告し、実際に手遅れだったのだが、この発言にヴィラコチャは怒って、キツネを「悪臭を放ち、人間に嫌われる動物」におとしめてしまった。

インカ神話

> アマテラスお姉さんは見ましたよ。このヴィラコチャってやつ、カビヤカちゃんを追っている途中なのに、道で出会った別の女の子を押し倒そうとしたんだから。指名手配ものの女の敵だよね……。

illustrated by あさば

大飯食らいを海に投げ捨てろ!
セドナ

出身：カナダ北部、アラスカ　別名：ネリビック、アーナーカグサック　出典：イヌイットの神話

極寒の海を統べる女王

　一面を氷に覆われ、夏の一時期をのぞけば草も生えない極寒の地、アラスカ。ここに暮らす先住民族イヌイットが信仰する地母神セドナは、ほかの地域の地母神のような「穀物の豊作をもたらす神」ではない。セドナはイヌイットたちに魚や海棲動物などの食料をもたらす「海」の女王なのだ。

　セドナはすべての海の生き物を産み出した神で、人類もセドナから生まれたという説すらある。その体は巨大で醜く、両手の指と左目がない姿で描かれることが多い。彼女のすみかは、イヌイットたちが狩りをする北極海の底にある。

　セドナを信仰するイヌイットたちは、獲物がとれず食糧不足におちいると、シャーマンと呼ばれる祈祷師に儀式をさせてセドナのお告げを聞き、それにしたがって狩りのやり方を変えたり、住む場所を移動した。逆に狩りで多くの獲物をとると、その一部を海に投げ入れてセドナに感謝をあらわしたという。

セドナの神話はグロテスク

　イヌイットの神話によれば、元々セドナは地上で暮らしていたが、ある事件がきっかけで海の底に落ち、そのまま海の女神になったらしい。ただし彼女が元々どのような存在で、どんな事情で海に落ちることになったのかという説明が、部族や地域ごとに異なっている。代表的なものを2種類紹介しよう。

　ひとつめの物語では、ある娘（セドナ）が結婚し、夫の村に移り住むが、あるとき夫の村に父親がやってきて、セドナを連れ戻してしまう。父親の漕ぐ小舟で故郷に帰る途中、激しい嵐が起こった。これを「娘を奪われた夫の復讐だ」と考えた父親は、恐怖のあまり娘の指を斧で切り落とし、オールで左目をつぶして海中にたたき落としてしまったのだという。

　別の物語では、セドナは巨人族の娘で、大変な大飯食らいだった。ある晩、腹を空かせたセドナが寝ている両親の手足を食べ始めたので、驚いた両親は娘を船に乗せ、両手の指をすべて切り落として海に投げ入れてしまった。

　このほかにも数種類の物語があるが、どの物語でも「セドナの指が手から切り離された」ことは共通している。神話によれば、海中に落ちたセドナの指は、魚やアザラシなどの生き物に変化したという。セドナはこうして、海に住むあらゆる生き物を産み出すことになったのだ。

> セドナさんは指がないから、髪のお手入れが大変なんですよ〜。だからシャーマンさんは、セドナ様に会いに行ってお世話をするんです。わたくしもゼウスロボでお手伝いしましょうか〜？（ギー、ガション）

illustrated by あみみ

熱気と冷気の頂上決戦！
ペレ&ポリアフ

信仰拠点：ハワイ諸島　出典：ハワイの神話『ペレとポリアフ』など

火山に住むライバル女神

　日本とアメリカのあいだに浮かぶ太平洋の島、ハワイ。リゾート地としてあまりにも有名なハワイだが、ここに富士山よりも高い火山があるということは、知らない人も多いのではないだろうか。
　標高4205メートル。ハワイ島を象徴する山「マウナケア火山」は、ペレとポリアフというふたりの女神の争いの舞台になったという。

火山の女神ペレ

　火山の女神ペレは、黒髪に褐色の肌、豊かな胸を持つ美しい女神だ。マグマのように情熱的に男性を愛する一方、活火山のように短気な性格で、非常に嫉妬深い。
　ペレは地面の裂け目から自在にマグマを吹き出させ、周囲を焼き尽くすことができる。また、彼女は「パオア」という穴掘り機械を所有していて、これで地面に穴を開けて、ペレにとって住みやすい火山の噴火口を作ることができる。ただし地下にマグマが流れていないところに穴を掘っても水が出るだけで、ペレにとって快適な火口はなかなか見つからない。現在のペレは、ハワイ島の南東部にある活火山、キラウエア火山の「ハレマウマウ火口」に住んでいるそうだ。

噴火の際にマグマが引き延ばされながら冷えると、このように糸状の溶岩石になる。火山研究の世界では、これを「ペレの髪」と呼んでいる。

　ペレの神話には、人間がちょっとしたこと（そり遊びで勝ったり、ペレを馬鹿にしたり、彼女の前で自慢話をするなど）で彼女の怒りを買い、マグマで焼き殺される物語がとても多い。ただの人間にとっては、ペレとかかわるだけで命の危険があるといっても過言ではないほどだ。ペレは相手が神や英雄だった場合も同じように怒りを爆発させるが、彼女はあまり戦いに強いわけではなく、神や英雄に対しては返り討ちにされてしまうことが多い。
　もっとも、彼女も一年中かんしゃくを起こしているわけではなく、人間に優しく接することもある。ある少女が彼女に食べ物を分けてくれたときは、噴火によって流れ出た溶岩を操作して、少女の家だけは焼けずにすむようにしたという。

> ペレ様がハワイにきたのは、お姉ちゃんのダンナを寝取って、親戚に追い出されたからららしいね。情熱的なのはいいけど、やりすぎはちょっと（ドカーン！）えっ、ふ、噴火⁉　ペレ様、もしかして聞いてましたかー⁉

雪の女神ポリアフとの争い

　ハワイ島の北西部にあるマウナケア山に住んでいる四姉妹のひとり「ポリアフ」は、雪の女神だ。ポリアフは白いマントを身につけていて、これをさっと振ると、雪や凍える風を自由にあやつることができるという。

　南国ハワイに雪の女神というのは奇妙に思えるが、マウナケア山は標高が高いため山頂付近は気温が低く、夏になっても溶けることがない万年雪がある。そのため山頂付近はいつでも白く見えるのだ。

　ペレとライバル関係にある女神で、何度もペレと戦っている。だがひとりぼっちで戦うペレに対して、ポリアフは姉妹や友人の助力を受けて戦い、いつもポリアフが勝利するのだという。

　ふたりの戦いを描いた『ペレとポリアフ』という物語では、マウナケア山でそり遊びを楽しむポリアフと友人たちの前に、人間に化けたペレがあらわれ、そり勝負を挑む。何度やってもポリアフに勝てないペレは正体をあらわし、山肌に裂け目を作ってポリアフをマグマで飲み込もうとした。ポリアフと友人たちは宿敵ペレの出現に驚いたが、すかさず魔法を使って冷たい風と雪を呼び出し、ポリアフのマグマをすべて冷やし固めてしまった。

　この事件があって以降、ペレはけっしてマウナケア山に足を踏み入れなくなった。現在ハワイ島の北側は緑豊かで、南や東に乾燥した大地が広がっているのは、島の南島が火山の女神ペレの影響下にあり、マウナケア山よりも北にはペレがやってこないからなのだという。

現在のマウナケア山

　ポリアフが住み、ペレが避けているマウナケア山は、学術上は「盾状火山」といって、地面に寝かせた盾のような形をしたなだらかな山だ。そのため山頂付近に平らな場所が多く、宇宙を観測するための天文台がたくさん建てられている。

　現在では、日本の国立天文台などが主導する国際プロジェクトで、世界最大の望遠鏡「TMT」の建設が、2020年の観測開始を目標に始まっている。女神たちのお膝元から、宇宙の秘密が解き明かされる日は近いかもしれない。ただし喜んでばかりもいられない。現在マウナケア山では、天文台からの廃棄物による環境汚染が問題視されている。自然と共存できる科学活動が求められているのだ。

日本の国立天文台がマウナケア山頂で運用している「すばる天文台」。雲よりも高い位置にあるため、宇宙の光を正確に観測できる。撮影者：Denys

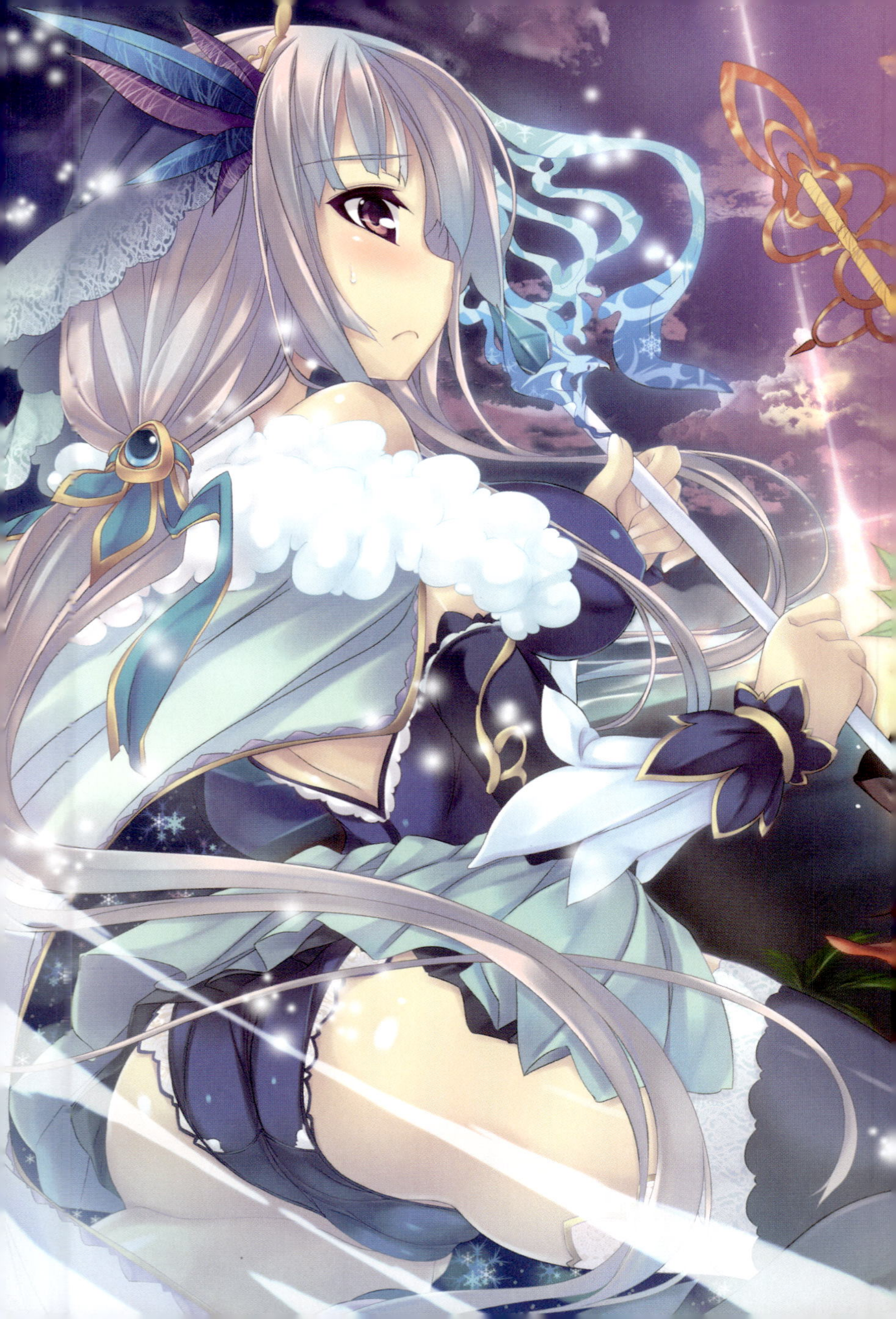

illustrated by 島風

姉妹はみんなの名づけ親
ワイマリウィ&ボアリリ

信仰拠点：オーストラリア　別名：ワウィラク姉妹　種族：ワウィラク人　出典：アボリジニの神話

あらゆる事物に名前をつけた姉妹神

　世界各地の神話には「"モノ"に名前をつけることで、その存在を明確化する」という物語が多い。たとえばユダヤ、キリスト教の聖典『旧約聖書』では、何もない世界に、唯一神ヤハウェが「光あれ」と言うと光が出現し、世界の創造が始まる。中央アメリカに伝わるマヤ神話には、2体の神が山や川、木などの名前を呼んだりイメージすることで、それらのものが実際に出現するという神話がある。南半球の国オーストラリアにも、こうした名づけによる創造の神話がある。その主役となるのが、ワウィラクの姉妹と呼ばれるふたりの女神だ。

　ワウィラク姉妹の物語にはいくつもの異伝があり、内容が一定しない。ある物語によると、姉の名前は「ワイマリウィ」、妹の名前は「ボアリリ」という。姉妹は「ワウィラク人」と呼ばれる人々の住む内陸部から、オーストラリアの外縁部にやってきた。姉は男の赤ちゃんを連れており、妹は思春期を迎えたばかりだが、すでに妊娠していたという。

　旅の姉妹は、何本もの石製の投げ槍や、鷹の羽毛、木綿を持ち、2匹の犬を引き連れて各地を巡る。このとき彼女たちは、旅の途中で通り過ぎた「場所」、出会った「動植物」などにかたっぱしから名前をつけていった。ワウィラク姉妹に名前をつけられることで、大地や生き物は形を与えられ、確かな存在になったのだ。

禁忌を犯したワウィラク姉妹

　ワウィラクの姉妹が、オーストラリアの内陸から外縁まで遠い旅をしなければならなかったのは、彼女たちが「近親相姦」という部族のタブーを犯したからだ。その後も姉妹はタブーを犯し続け、ついにその報いを受けることになってしまう。

　あるときワウィラク姉妹は、「ユルルングル」という巨大な蛇神の住む泉を、出産時の血液で汚すというタブーを犯してしまった。これに怒ったユルルングルは、彼女たちに激しい雷雨を浴びせたあと、丸呑みにしてしまったのである。

　ところが蛇神たちにとっても、ユルルングルがワウィラク姉妹を飲み込むのは「タブー」だった。理由は不明だが、神話では「彼女たちは蛇神にとって妹同然の存在だったから」だと説明されている。ユルルングルは蛇神たちが集まる集会でこの罪を責められ、しかたなくワウィラクの国まで行って、姉妹と子供を吐き出した。彼女たちの姿は石の像に変わり、いまでもワウィラクの国にたっているという。

> ユルルングルは、ワイマリウィちゃんたち一家を飲み込んだのに、吐き出したのは姉妹ふたりだけ……あれ、これって子供が飲み込まれたままだよね？ちょっとー、ついでに子供も吐いてってくれないかなー！

illustrated by しかげなぎ

🌸 神々の同一視 🌸

> さいきん、神様の解説本とか読むようになったんだけど、よくわかんない言葉が出てくることが多くて困ってるのよ。
> ねえ、「同一視」って、どういう意味なのかしら？

> たしかに神話の世界には、たまに難しい専門用語が出てきますね〜。
> 「同一視」というのはですね〜？　別々の神様がいるときに、そのふたりの神様が「本当は同じ神様なのでは？」と考えることですよ〜。

　神話研究の世界で使われる用語「同一視」とは、本来別々の存在であるはずの2柱の神が、名前が違うだけの同じ神だと考えることだ。

　たとえば日本では、日本神話の天照大神（→ p116）と、仏教の神「大日如来」が、どちらも世界の支配者（アマテラスは高天原、大日如来は宇宙）であることなどから"同一視"された。このため日本では、天照大神と大日如来の両方が、ひとつの神社や寺院で同時にまつられるようになっている。

　キリスト教の勢力が強い地域では、地元に存在していた母神への信仰や神話を、聖母マリアと"同一視"させて、聖母マリアの伝説として作り替えるという活動が行われたこともある。

　このように、性質の違うふたつの宗教や神話を融合させようとする考え方を、英語で「シンクレティズム（諸教混淆）」と呼んでいる。

「シンクレティズム」ではない例

　同一視という言葉のすべてが、異なる宗教の混合「シンクレティズム」をあらわすわけではない。たとえばシュメール神話のイナンナ（→ p88）とカナン神話のアナト（→ p94）は"同一視"されるが、彼女たちは元々同じ女神だった過去があるため、「異なる宗教の混合」とはいえない。このように定義が難しい言葉なので、本書では「同一視」という言葉を使わないように努めているが、一般の神話解説書では多用される表現なので、言葉の意味に十分に気をつけたほうがいいだろう。

> なるほど、「同一視」についてはだいたいわかったわ。
> あと、この「司る（つかさどる）」ってのもよくわかんないんだけど？

> それは「任務として取り扱う」って意味。俺の仕事だぜってことね。
> 昔の日本にあった「○○の司（つかさ）」っていうお仕事の役職名からとられた、由緒正しい言葉なんだよ？

> たとえばスクルドちゃんなら、人間の運命を決めるのがお仕事ですから、「人の運命を司る女神」となるんですよ〜。
> でも使い方が難しい言葉ですから、できるだけ使わないで行きますね。

もっとくわしく!
女神資料館

オリエント神話 ……146
エジプト神話 ……152
ギリシャ神話 ……162
北欧神話 ……172
ケルト神話 ……180
インド神話 ……186
日本神話 ……192

イラストレーター紹介 ……199
あとがき ……204
参考資料 ……205
女神索引 ……206

「もっとくわしく! 女神資料館」では、ここまでに紹介した女神様が出てくる神話から、特に大事な8つの神話を選びました〜。8つの神話のいちばん基本になる知識を、わかりやすく書きましたから、ぜひ楽しんでくださいね〜♪

オリエント神話

オリエント神話とは、現在の中東地方、具体的にはイラン、シリア、イスラエルなどの地域で作られた、いくつもの神話をまとめて呼ぶときの名前です。

オリエントとは何か？

オリエントとは、元々ギリシャ語で「東方」という意味の言葉です。古代ギリシャ人は、自分たちの国よりも東にある地域のことを「オリエント」と呼んでいたのです。そのなかでもイラク、イスラエル、シリアなどの地域は「メソポタミア地方」という名前で呼ばれていました。

本来の意味では、ギリシャより東の地域はすべてオリエントなのですが、日本ではメソポタミア地方にエジプトや西アジアを加えた地域だけを「オリエント」と呼びます。

オリエント地方は人類の文明発祥の地ともいわれ、右のページにあげるようないくつもの古代文明が生まれては消えていきました。

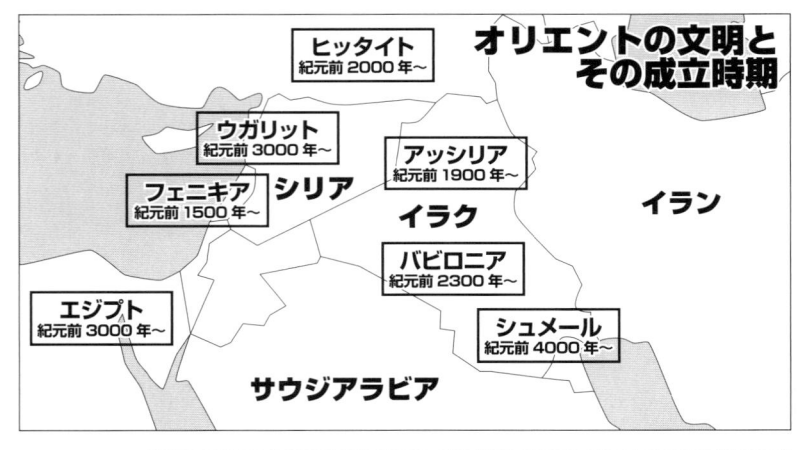

オリエントの文明とその成立時期

- ヒッタイト 紀元前2000年～
- ウガリット 紀元前3000年～
- アッシリア 紀元前1900年～
- フェニキア 紀元前1500年～
- シリア
- イラク
- イラン
- バビロニア 紀元前2300年～
- エジプト 紀元前3000年～
- シュメール 紀元前4000年～
- サウジアラビア

> オリエント地方の文明は、6000年前にチグリス川とユーフラテス川にはさまれた「シュメール」地方で生まれて、そのあと周辺の地域に広がっていったのですねぇ～。

オリエントの主要文明と神話

オリエント地方でもっとも古い文明は「シュメール文明」です。この文明が生み出した「シュメール神話」は、周辺の地域に伝わって変化し、下のような数多くの文明と神話を生み出したのです。

古代オリエントの神話

メソポタミア神話

シュメール神話

現在のイラク南端、2本の大河にはさまれた場所で生まれた文明「シュメール文明」で作られた神話です。世界最古の神話であり、現在から約6000年前にあたる、紀元前4000年頃に生まれました。

北からの侵略者アッカド人に滅ぼされ、神話はアッカド人に継承されました。

アッカド神話

バビロニア神話　　アッシリア神話

シュメールの北にあるアッカド地方で生まれ、シュメールを滅ぼして吸収したアッカド人の神話です。イラク南部のバビロニア地方に残る神話と、イラク北部のアッシリア地方に残る神話のふたつに分類されます。バビロニア神話とアッシリア神話は使われている言語が違いますが、内容はほぼ同じです。

カナン神話

ウガリット神話　　フェニキア神話

メソポタミアよりも西、地中海沿岸のカナン地方（現在のシリアやイスラエル）で発見された神話です。シリア北部の古代都市ウガリットで発掘されたウガリット神話と、より南方、現在のレバノン周辺にいたフェニキア人の神話の2系統があります。

ヒッタイト神話

カナン地方のすぐ北、トルコ南部を本拠地として発展した古代帝国、ヒッタイト王国の神話です。ほかのオリエント神話とは内容がやや違います。

エジプト神話 (→p152)

ピラミッドで有名な古代エジプト王朝で信じられていた神話です。くわしくはエジプト神話のページで紹介します。

オリエント神話

オリエント神話の神々

オリエント神話のうち、アッカド神話、カナン神話、ヒッタイト神話は、オリエント最古の神話であるシュメール神話の影響を強く受けているため、おたがいに似た部分がたくさんあります。具体的に似ているのは以下のような部分です。

オリエントの神話、ここが似ている

名前は違うが同じ神が登場
オリエントの各神話は、それぞれ別の言語で書かれているため、神の名前が神話ごとに違います。

同じテーマで内容が少し違う神話
どの神話にも似た様な内容の神話がありますが、細かい部分が地域ごとに微妙に違います。

最高神だけは神話ごとに違う
どの神を最高神として信奉するかは、それぞれの地域ごとにまったく違っていました。

> ほい、そんなわけで、オリエント神話の神様が、どの地域ではどんな名前で信仰されているかをまとめてみたよ。なかには特定の地方でしか信仰されていなかった神様もいるみたいだね。

シュメール	アッカド	カナン	その他	備考
キ	アントゥ	―	―	母なる大地の神。アッカドの創世神話では、水神ティアマトが彼女と同じ役目を負っている。(86ページ)
アン	アヌ	―	―	キと夫婦である天空神。
―	ティアマト	―	―	アッカドの創世神話『エヌマ・エリシュ』に登場する原初の母神。(92ページ)
イナンナ	イシュタル	アスタルテ/アナト	アスタルテ(エジプト)	性愛と戦いの女神。オリエント全土に信仰あり。(88、96ページ)
エレシュキガル	エレシュキガル	―	―	冥界の女神。シュメールとアッカドで名前の変わらない数少ない例。(86ページ)
エンキ	エア	―	ヤハウェ？(旧約聖書)	オリエントを潤したチグリス・ユーフラテス川の神。キリスト教の神ヤハウェの原型になった可能性がある。
―	アダド	バアル	バール(旧約聖書)	カナン神話の主神。アッカドの雷神アダドと同じ神から発展し、旧約聖書にも登場した。
マルドゥク	マルドゥク	―	―	アッカド神話の主神。バビロニアの首都バビロンの守護神。

※色つきの神は、その神話でもっとも高位とされる神。

オリエント神話と、ユダヤ・キリスト教の関係

> そういえば、オリエントってたしか、あの人が生まれた場所じゃなかったかしら？ ほらあれよ、右の頬をぶたれたら左のほっぺを差し出す人！

> なんだか妙な覚え方をしてるねぇ……。そう、キリスト教のイエスさんね。そうそう、オリエント地方の西側にあるイスラエルは、世界でいちばん信者が多い宗教「キリスト教」と、その前身となった「ユダヤ教」が生まれた場所だよ。

> ユダヤ教が生まれたイスラエル地方はですね、「カナン神話」の勢力範囲と重なっているんですねぇ。ですから、ユダヤ教の聖典『旧約聖書』には、カナン神話の神様を批判するような内容がたくさん書かれているんですよ〜？

　オリエント神話が語り継がれていたオリエント地方は、キリスト教や、その前身となった宗教「ユダヤ教」が生まれ育った場所でもあります。

　ユダヤ教を信仰していたのは、カナン地方の都市「エルサレム」などに住むユダヤ人です。彼らにとって、同じ地域で人気を集めているカナン神話の神々は、自分たちの神と勢力を争う宿敵でした。そのためユダヤ教の教典『旧約聖書』には、カナン神話の主神バアルや女神アスタルテなどを悪魔におとしめ、ユダヤ教の神の優位性を示そうとする記述が数多く見られます。

悪魔アスタロトの姿におとしめられた女神アスタルテ。19世紀の悪魔解説書『地獄の事典』の挿絵より。

　いっぽう『旧約聖書』に収録された物語のなかには、オリエント地方のほかの神話で語られていた神話物語を参考に作られたと思われるものがあります。有名な「ノアの方舟」の物語は、バビロニア神話の創世神話『エヌマ・エリシュ』の洪水神話をユダヤ教風に書き換えたものではないかといわれています。

古代文明と粘土板

　6000年も前の古代神話が現代まで残されていたのは、神話が紙や木片ではなく「粘土板」に書かれていたからです。「くさび型文字」を刻んだ粘土を、陶器のように焼き固めた粘土板は、経年劣化が起きにくいのです。

　オリエントの神話が人々にふたたび知られるようになったのは、考古学が発展した19世紀になってからです。現在でも古代遺跡から、粘土板の発掘と解読が進められていますが、劣化に強い粘土板でも欠損している物が多く、いまだに全容が判明していない物語も数多く存在しています。

アッカド神話の英雄伝説『アトラ・ハシース』が刻まれた粘土板。欠損が大きく、物語の一部しか読み取れない。大英博物館収蔵。

オリエント神話

愛と戦いの女神イシュタル

君たち、オリエントの神話を楽しんでるかしら？
私はイシュタル。アッカド神話に登場する、愛と戦いの女神よ。オリエント神話のヒロインといえばこの私。このイシュタルの活躍を、その目に焼き付けておきなさいね？

　アッカド神話（バビロニア神話）の女神イシュタルは、オリエントの神話のなかでも一番人気があり、多くの神話で活躍する女神です。彼女は物語を動かす中心的な役割をはたすことが多いので、イシュタルを中心に見れば、アッカド神話やオリエントの神話がよりわかりやすくなることでしょう。
　イシュタルが活躍する神話はいくつもありますが、なかでも下にあげるふたつの神話が、知名度や物語の完成度において高く評価されています。

イシュタルが活躍するアッカドの神話

ギルガメシュ叙事詩

　4600年ほど前に実在した王、ギルガメシュを主人公にした英雄物語で、野蛮な男だったギルガメシュが人間らしい立派な王に成長していくまでを描いています。
　イシュタルは物語の中盤で登場し、たくましい王者ギルガメシュに求愛しますが、拒絶されます。怒ったイシュタルは都市ウルクに怪物を送り込ませました。さらに神々は死の呪いを放ち、ギルガメシュの親友エンキドゥが身代わりで死亡。ギルガメシュは死の恐怖を理解し、不老不死を得るために奮闘します。

イシュタルの冥界下り

　89ページで紹介した『イナンナの冥界下り』のアッカド語版です。イシュタルが冥界に行って死に、生命の水を浴びて復活するという、ほぼ同じ筋の物語です。
　「イナンナ」の物語との大きな違いは、イシュタルが冥界に下る理由が「息子または愛人のタンムーズを冥界から救い出すため」であることです。自分が冥界から戻るための身代わりとして夫を冥界に差し出したイナンナの物語とは、因果関係が逆になっています。

あ、ちなみにですねぇ、わたくしが53ページのコラムで飲んでいた薬、あれが『ギルガメシュ叙事詩』で主人公のギルガメシュさんが探し求めていた、不老不死を得るための薬なんですよぉ。

あの脳筋王、親友が死んだおかげで、ようやく死ってやつの意味を肌で理解するのよね。あの大胆不敵だった英雄王が見る影もないけど……ま、これも私に刃向かった罪への報いよね。あいつは薬をGET……

あーストップストップ！　イシュタルさん、そこはこれから『ギルガメシュ叙事詩』を読む人のためにオフレコでよろしく！　気になる人はぜひとも読んでみてよね！

女神イシュタルの人物相関図

アッカド神話でいちばん有名な神話『ギルガメシュ叙事詩』と『イシュタルの冥界下り』から、アッカド神話の人物相関図を作ってみました〜。みごとにイシュタルさんが話題の中心になっていますね〜♪

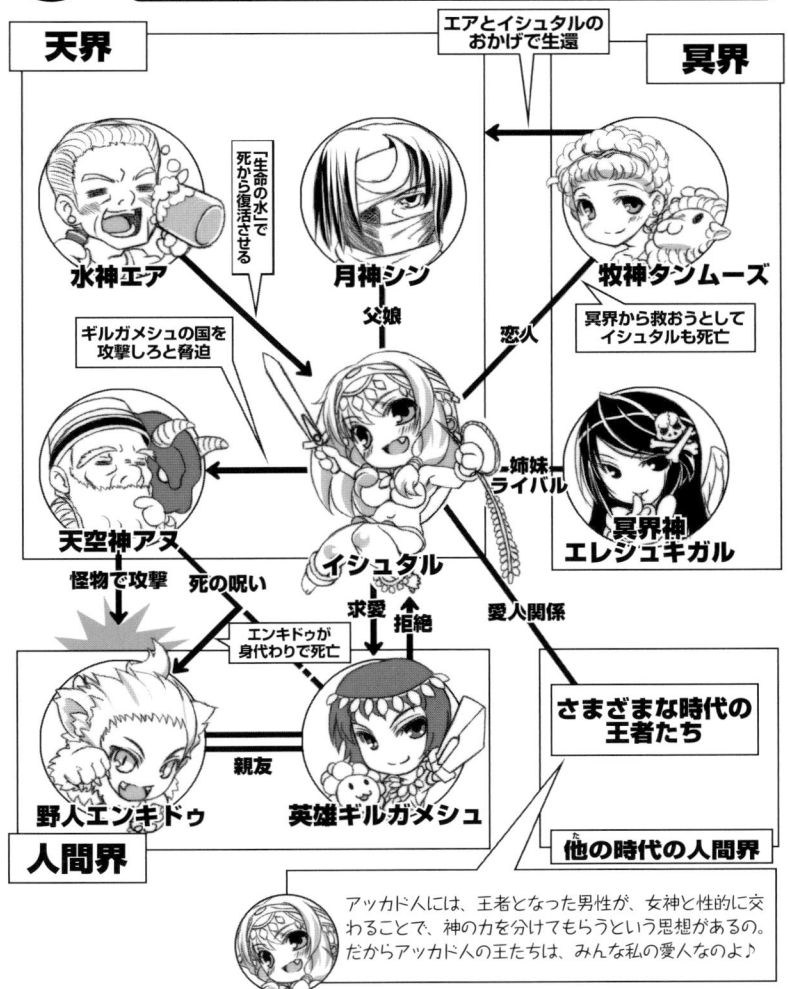

天界

冥界

エアとイシュタルのおかげで生還

水神エア — 「生命の水」で死から復活させる

月神シン — 父娘

牧神タンムーズ — 恋人 — 冥界から救おうとしてイシュタルも死亡

ギルガメシュの国を攻撃しろと脅迫

天空神アヌ

イシュタル — 姉妹・ライバル — 冥界神エレシュキガル

怪物で攻撃　死の呪い　求愛／拒絶　愛人関係

エンキドゥが身代わりで死亡

野人エンキドゥ — 親友 — 英雄ギルガメシュ

人間界

さまざまな時代の王者たち

他の時代の人間界

アッカド人には、王者となった男性が、女神と性的に交わることで、神の力を分けてもらうという思想があるの。だからアッカド人の王たちは、みんな私の愛人なのよ♪

151

エジプト神話

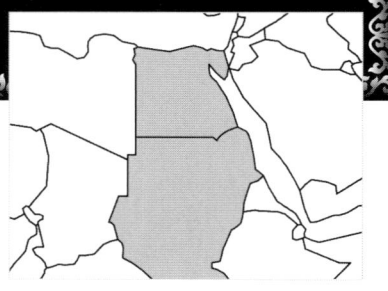

エジプト神話は、世界四大文明のひとつ「エジプト文明」を作った人々が産み出した神話です。巨大なピラミッド、黄金の仮面、ヒエログリフなど豊かな文化を産み出したエジプト人の神話とは、いったいどんなものなのでしょうか？

> はーいみんなー？ このページは、これまでとはちょっと趣向を変えて、スクルドちゃんの疑問にかたっぱしから答えていくQ&A形式でいってみよう。
> スクルドちゃんはいっぱい考えて質問しまくるよーにっ！

> えっ!? ちょっと無茶ぶりはやめてよね、
> エジプトのことなんて何にも知らないのに、質問しろって言われても困るでしょ！

> （あんまり聞いてない）回答役はわたくし、メティスがつとめますよ～。
> それではスクルドちゃん、最初の質問、どうぞ～？

そもそもエジプトって、人が住むようになったのはいつからの話？

> なんと、3万年も昔から住んでいたらしいですよ～。

世界最長の川「ナイル川」の流域に人類が住み着いたのは、今からおよそ3万年ほど前だといわれています。エジプト神話は、このナイル川流域に住んでいたエジプト人に作られた神話です。

紀元前5000年頃になると、エジプト人は「セペト」と呼ばれる都市国家に住むようになりました。ナイル川上流の峡谷地帯「上エジプト」には22のセペトが、下流の平野部「下エジプト」には20のセペトがあったといわれています。

エジプト人は、セペトごとに別々の神を信仰していました。セペトどうしが戦争をすると、負けたセペトの神は勝ったセペトの神の配下にされたり、神としての力を勝ったセペトの神に奪われました。

エジプト神話によく出てくる「ファラオ」って何者？

要するにエジプトの王様のことですね～♪

　左下の図表にもあるとおり、かつてのエジプトは、上エジプトと下エジプトに分かれていました。これを初めて統一したのが、紀元前3200年頃の「ナルメル」という王です。これ以降エジプトの支配者は「ファラオ」と呼ばれました。ファラオという言葉は、古代のエジプト語で「大きな家」を意味する「ペル・アア」がなまったものです。

　エジプトの信仰によれば、ファラオは神の子供であり、神の代理人として地上を統治していました。またファラオは、王権にかかわる神と交信できる唯一の存在でした。

　つまりエジプトの民衆の声は、ファラオを通じて神々に届けられたのです。

エジプト屈指の有名なファラオ、ラムセス二世の像。ラムセスとは「太陽神ラーから生まれた者」という意味である。

エジプトの最高神ってだれなの？

エジプト神話は、最高神が代替わりする神話なんです～。

　多くの神話では、北欧のオーディンやギリシャのゼウスのように、最高位の神が明確に定められています。ですがエジプトでは、ラー、ホルス、オシリス、セト、アメンなど、時代ごとに違った神が最高神になっています。

　最初に説明したとおり、エジプトでは元々都市ごとに違う神を信仰していました。そのため、権力争いなどで新しい有力者がファラオになると、新しいファラオの信仰する神が最高神になることがあるのです。また、エジプトの信仰において大きな役割をはたした「神官団」の影響力も見逃せません。そのときもっとも力のある神官団がどの神を信仰しているかによって、新しいファラオが信仰する神が決まることも少なくありませんでした。

最高神が複数いるの？　それじゃ神話も混乱しない？

混乱しまくりですよ～。大きく分けても3種類くらい神話があります～。

　ファラオや神官団の意向で神話が修正され続けたため、エジプトには無数の種類の神話があります。神々の名前、特徴、物語などが、時代ごとにどんどん移り変わっていくのがエジプト神話の特徴です。

　無数にある神話の源流をたどっていくと、だいたい3種類の神話に収束します。

　ひとつは、下エジプトで発展した「ヘリオポリス神話」、もうひとつも下エジプトの「メンフィス神話」、最後は上エジプトの「ヘルモポリス神話」です。いま世界で知られているエジプト神話のほとんどは、「ヘリオポリス神話」系の物語です。

153

エジプト神話

じゃあ、そのヘリオポリス神話について知りたいな！

原初の神「アトゥム」から始まる、世界の創世神話ですよ〜♪

　ヘリオポリス神話は、下エジプトの都市「ヘリオポリス」で発展した、世界の創造神話です。まず原初の海である「ヌン」から両性具有の創造神「アトゥム」が産まれ、このアトゥムから大地や天空、太陽や星々、そしてあらゆる神々が産まれたとされています。

　エジプトでもっとも有名だったヘリオポリス神話には、のちにほかの都市の神も組み込まれました。右の図は比較的初期の系図ですが、現在有名な神話では、創造神アトゥムが太陽神ラーと合体して「アトゥム＝ラー」と呼ばれているなどの違いがあります。

ヘリオポリス神系図

```
        ヌン
         │
        アトゥム
         │
    シュウ━テフヌト
         │
      ゲブ━ヌト
         │
  オシリス━イシス　セト　ネフティス
         │
       ホルス
```

ヘリオポリス以外の創世神話はどんな感じなのかしら？

世界のできる手順が違うようですよ〜？

　有名なエジプトの神話には、ヘリオポリス神話以外に、「メンフィス神話」や「ヘルモポリス神話」（→p152）などがあります。

　メンフィス神話の主神は「プタハ」という創造神で、メンフィス神話ではヘリオポリス神話の神々は、このプタハが言葉によって創造した存在ということになっています。これはメンフィスの神官たちが、ライバルであったヘリオポリスの神官たちよりも政治的に優位に立つため『お前たちの信仰する神々は、我々の主神プタハより生まれたのだ』という設定を作り出したからなのではないかと考えられています。

　一方、ヘルモポリス神話では、泥の中から4柱の男神（姿はカエル）と、同じく4柱の女神（姿は蛇）があらわれ、彼らが世界のすべてを創造したことになっています。

エジプト人は、どうやって神話を書き残したの？

壁画、パピルス紙、石版などが使われたようですね〜。

　現在知られているエジプトの神話は、「パピルス」という紙に書かれた書物や、「ピラミッド」などの遺跡の壁画に描かれた物語などから読み取られたものです。

　エジプトの壁画や文字といえば「ヒエログリフ（聖刻文字）」という象形文字が有名ですが、これは王族だけが使える神聖な文字でした。エジプトにはほかにも、ヒエログリフを簡略化した神官用の「ヒエラティク」、さらに簡略化した民衆用の「デモティク」などがあります。ただしエジプトの神話を知る上でもっとも重要なのは、これらのエジプト固有の文字ではなく「ギリシャ語」です。くわしくは右のページを見てみましょう。

エジプト神話が書いてある原典について教えて！

それでは、おすすめを5つほど選んでみますね〜。

ここではエジプトの神話を知る上で特に重要な、神話の原典を5つ紹介します。

ピラミッド・テキスト

ファラオの墓であるピラミッドの内部に描かれた、ヒエログリフ（聖刻文字）の文書のことをこう呼びます。内容は、死んだファラオの業績をたたえる文章や、自分の信じる主神と一体化するための呪文です。

『死者の書』

パピルス（紙）に書かれた文書で、死者が死後の世界で無事に暮らすための観光案内、トラブル対応マニュアルのような内容です。死者の身分に応じた文字で書かれ、死体とともに棺のなかに納められます。

『オシリスとイシスの神話』

エジプトでもっとも重要な神のひとり、冥界神オシリスの神話をまとめた書物です。エジプトを支配していたギリシャの学者「プルタルコス」が書いたものなので、ギリシャ語で書かれています。エジプトの神話を知るうえで、もっとも重要な資料のひとつです。

『メンフィスの神学』

メンフィス神話の創造神プタハをたたえる文書を石版に書いたものです。ところが、石版の価値を理解しない人が石臼にしたため摩耗し、一部は読めなくなってしまっています。

エジプトには、このような形でだめになった資料が無数にあります。

『アテン讃歌』

「ピラミッド・テキスト」の一種です。古代エジプトは複数の神を信じる多神教信仰ですが、その歴史上唯一、太陽神アテンのみを神としてあがめる唯一神信仰の時代がありました。『アテン讃歌』はその時代に書かれた貴重な資料です。

どうしてギリシャ語の資料が重要なの？

それは、エジプトの神話をまとめた資料がギリシャ語にしかないからです。エジプト人は、自分たちの神話を断片的にしか書き残さなかったのです。

有名なアレクサンダー大王が紀元前4世紀にエジプトを征服して以来、ギリシャ人の学者たちは、新しい領土であるエジプトの宗教や文化を調査し、ギリシャ語の本にまとめました。このためギリシャ語の文献では、比較的新しい時代のエジプト神話が紹介されています。

ファラオって、なんでわざわざミイラになるの？

将来生き返るときのために、体を保存しておくんですよ〜。

　エジプトの王であるファラオたちは、太陽を信仰していました。太陽は何度沈んでもふたたび昇ることから、王権の不滅をあらわす存在だったのです。死後、ファラオは太陽の船に乗って神々の住む場所に行き、長い年月ののちに復活すると考えられていました。

　そのためファラオたちは、きたるべき復活の日に備えて、肉体を保存する技術を発展させました。それが古代エジプトの代名詞ともいえるミイラです。

　エジプトでは、人間は右の図表で説明する5つの要素でできていると考えられていました。名前、肉体、影は直感的にわかると思いますが、「バー」と「カー」についてはなじみの浅い言葉だと思います。
　「バー」とは人間の意識や人格で、日本的な考え方でいえば「魂」になります。バーは鳥の体に人間の頭がついた姿で描かれ、自由に空を飛ぶことができます。
　「カー」とは一種のエネルギーで、ほかの4つの要素をつなげるための目印でもあります。

　ちなみに死者のカーが高まると、カーとバーは結合して「アク」という究極形態に変化します。太陽の船に乗って神の元へ行けるのは、アクになった魂だけなのです。

　死者のカーを高めるためには多くの供物が必要なので、死せるファラオに供物を捧げるのは、生きているファラオにとってたいへん重要な仕事でした。

人間を構成する5つの要素

バー（魂）／カー（エネルギー）／肉体／名前／影

人間を構成する5つの要素。人間が死んでも、ふたたびこの5要素をそろえれば、人間は復活できると考えられていました。

ピラミッドっていったい何のために作ったのかしら？

死んだファラオが、太陽と合体して復活するための装置……かも？

　正四角錐の巨大な石造建築「ピラミッド」は、ファラオの指示で作られたといわれる建造物です。その目的は「ファラオの墓」だという意見が有力ですが、まだ学術的に確定した意見ではありません。

　墓以外の目的として提示されている説には、太陽信仰の神殿だという説（ピラミッドは太陽の動きを意識して建てられています）、死後のファラオが天に昇る力をたくわえる（＝カーを高める。上参照）ための呪術的装置だという説などがあります。

　古代エジプトの象徴ともいえるピラミッドですが、じつは古代エジプト3000年の歴史のなかで、ピラミッドが造られていた時期は1000年しかありません。紀元前2600年頃から始まったピラミッド建築は、紀元前2100年頃には下火になりました。現在わかっている最新のピラミッドは、紀元前1700年頃の「ケンジェル王のピラミッド」です。

ファラオ以外は復活できないの？ 不公平よ！

そうですね、だから庶民も復活できるようになったんです〜。

　太陽の船を使った復活のプロセスは、ファラオだけに許された特権でした。ですが時代が進み、冥界神オシリスに対する信仰がさかんになると、ファラオではない一般人でも、死後の復活が可能だということになっていきました。
『オシリスとイシスの神話』では、オシリスが弟のセトに殺されたあと、妻イシスの手によって復活し、冥界の王となる物語が紹介されています。この神話は1世紀頃にまとめられた比較的新しいものですが、エジプトではそれ以前からオシリスの復活が神話で語られており、オシリスの信者も、オシリスと同じように復活できることになったのです。
　日本で死者の名前に「故」をつけるように、エジプトでは名前の頭に「オシリス」をつけます。死者がオシリスと一体化して復活するという信仰から生まれた習慣です。

つまり誰でも復活できるようになった、ってこと？

そうですけど、悪い子は復活できませんよ〜！

　オシリス信仰では、死んだ人間は「バー」の形で冥界にくだり、神々の審判を受けると考えられていました。女神マアト（→ p66）の審判で、善良な死者だと証明された者は、オシリスに許されて現世での復活を目指すことができます。逆に悪い死者だということになると、死者は怪物に食われたうえで地獄に送られ、永遠に責め苦を受けます。
　ただし、死者に与えられる試練はこの裁判以外にも複数あり、そこで決められた儀礼を行わないと復活できません。そこでエジプトでは、死者が死後の世界で困らないように『死者の書』（→ p155）を棺に入れました。『死者の書』には、死者が行うべき儀礼の内容や、トラブルに対応するための呪文など、死後の世界で役に立つ知識が100個以上も書き込まれています。これは現代的に考えると、冥界行きという人生最大のイベントを乗り切るためのカンニングペーパーだといえるでしょう。

ところで……実際に復活した人っていたのかしら？

もちろんいませんね〜。だから教えのほうを変えちゃいました〜。

　最初のファラオが死んでから約1000年後、エジプトの復活信仰は大転換を迎えます。それまでのエジプトでは、復活した死者は現世にあらわれることになっていましたが、大転換後は、死者は現世ではなく、別世界の楽園（「セケト・イアル（葦の野）」または「セケト・ヘテプ（供物の野）」）によみがえり、永遠に幸福に暮らすことになったのです。
　正直に生きていれば永遠の楽園で暮らせるとあって、オシリス信仰は長いあいだ人気を保ち続けました。その人気は、ファラオの信仰する神が変わっても、エジプトが他国に征服されても変わることはありませんでした。

スクルドの「死者の書」体験レポート

- エジプトの神話は、死後の世界にとっても力を入れてるんですよ〜。というわけでスクルドちゃん、いっぺん死んでみましょう〜。いい経験になりますよ〜？

- いきなり何言っちゃってんの!? 嫌よ死ぬなんて、だいいち死後の世界を体験するのに、なんで死ななきゃ（ドシュッ）うっ！
アマテラスさん、背後から刺すなんて卑怯な……ぱたり。

ミイラになろう！

- ……はっ、ここはどこ？
気のせいか身長がいつもより高くなったような……

- さすがワルキューレ、いつも魂を運んでいるだけあって、幽体離脱もサマになっていますねえ〜♪ いま、エジプトのミイラ作りの神「アヌビス」さんに、スクルドちゃんの身体をミイラにしてもらっていますよ〜。

- どうも、アヌビスです。

- お、全部の内蔵抜き取り終わったみたいね？ 内蔵って腐りやすいから、専用の壺に塩漬けにして保存しとくから。次は鼻の奥から頭蓋骨に穴をあけて、これまた腐りやすい脳を吸い出さないとねー。

- や〜め〜て〜〜〜〜〜〜!!!!

- はい、安心していいですよ〜。スクルドちゃんはもう肉体が死んで、肉体とのリンクが切れた「バー」だけの状態になっていますから、肉体に傷がついても痛みは感じない……あら？ 霊体なのに気絶してしまいました。

冥界へ出発っ！

- さあ、身体の保存が終わったら、冥界へ旅立ちましょう〜。スクルドちゃんは今「バー」の鳥の姿になってますけど、普段から羽で飛んでるわけですし、身体も操作しやすいんじゃないですか〜？

- 身体は軽いけど、おなかはもっと軽いわ……
なんで死んだのにおなかが減るわけ？ わけかんかんないよ！
あー、叫んだらノドまでかわいてきた……

- エジプトでは、死者もおなかが減り、呼吸をするのが大きな特徴だね。そんなときにメティスさんが持たせてくれた「死者の書」を使うといいよ。ここの呪文をとなえれば、空気もご飯も出てくるからさ。

- （ごそごそ）そんなのどこにもないわよ？
  メティス先生、いったいどうなってんの！？

- ……てへ（ペロ）

- 忘れたんか ——— い！！

いよいよ裁判だ！

- 今回はさすがに神様パワーを使って「ふたつの真理の間」にとうちゃーく！ オシリスさーん！！ 急患で危篤で緊急事態っ！ この子がハラヘリで2度死ぬ前に裁判すませて、ちょっといいもの食べさせてあげて！

- アマテラスさんっ、スクルドちゃんの心臓を天秤にのせてください！ 反対側の「マアトさんの羽根」とつりあえば無罪です！

- **SOUND ONLY** ではこのオシリスが判決を下す！ 天秤が……若干釣りあっていない気がするが（汗）、おまけで無罪！ そしてそこのふたり！ 君たちから人殺しの罪人の臭いがする。この怪物アンムトの前に立ってみなさい。

- し、し、しつれいしましたー！！（大逃走）

そして転生へ……

- な、なんとかごまかすことができました……あのアンムトに食べられてしまったら、人間は確実に地獄行きですし、われわれ神ですら危ないんじゃないでしょうか……

- そもそも人殺しなんてするわけないじゃんねえ、殺したのは神だって！
  さてさて、裁判も終わったことだし、あとは転生するだけだよ。スクルドちゃんや、「永遠の楽園」と「現世」のどっちに転生したい？

- さっさと現世に帰るにきまってるでしょ！！
  ふたりとも、戻ったらおぼえてなさいよ〜っ！！

エジプト神話　女神小事典

エジプト神話には女神サマがいっぱい！　61ページからの「アフリカ」の章で紹介しきれなかった、エジプトの女神の一部をお見せしちゃおう！

ウアジェト
別名：ウアジェイト
名前の意味：緑の者

　蛇の姿、あるいは頭が蛇になった女性の姿をとる女神。ファラオの王権を保証する女神で、湿地帯で蛇の多い下エジプトの王権をウアジェトが、乾燥地帯である上エジプトの王権はハゲワシの女神ネフベト（→p161）が保証してくれる。この２柱の女神は、上エジプトと下エジプトをひとりのファラオが支配するために必要不可欠な存在だった。

サテト
別名：シェテト
名前の意味：矢を射る／洪水をおこす

　頭から「レイヨウ」というヤギのような動物の角を生やした女神。ナイル川の滝の女神であり、同時に毎年春に起こるナイル川の大洪水を引き起こしている神でもある。
　現代の常識でいえば洪水は迷惑なものだが、エジプトでは、洪水は上流から栄養をたっぷり含んだ土を運んできてくれるありがたい現象なのだ。そのため古代エジプトでは、サテト以外にもナイル川の洪水を引き起こす神が複数信仰されていた。

セクメト
別名：セヘメト
名前の意味：力強い者

　獅子の頭を持つ破壊神。64ページ参照。

セシャト
別名：セシェアト
名前の意味：書記／書く者

　文字と書記の女神。右手に葦の茎で作った筆を持ち、服の上から猫科の動物の毛皮を羽織った姿で描かれる。
　エジプトの信仰において文字が大事な役目をはたすのは、ピラミッドの内部にびっしりと書き込まれたヒエログリフ文字を見れば一目瞭然だが、彼女はそのほかにも、ピラミッドなどに代表される建築の女神でもあった。精巧な建物を造るには、紙や地面の上に図面を「書く」必要があったからだ。
　また、このような知的活動には正確な計算が欠かせないことから、彼女は数学と天文学の守護者にもなっている。

セルキス
別名：セレケト
名前の意味：呼吸させる者

　イシス（→p62）が、頭の上に椅子のマークを乗せた姿で描かれるように、セルキスの頭の上には、サソリのような虫のマークが描かれる。このためセルキスは「サソリの女神」だと誤解され、サソリの身体に女性の頭がついた姿で描かれることがあった。
　じつはこの「サソリの女神」というのは大きな間違いで、頭の上に書かれているのは、尻尾に針のように長い呼吸管を持つ「タイコウチ」という水生昆虫である。
　セルキスは、サソリや蛇などの危険な動物から人間を守ってくれる女神だった。また、これらの動物の牙や針との関係から、刺し傷や毒を治療してくれる医術の女神としても信仰されていた。「呼吸させるもの」という名前の意味も医術と関係がある。この名前は、死者が復活し、ふたたび呼吸できるように世話をする女神という意味なのだ。

ネイト

別名：ネト
名前の意味：不明

　人間の女性、あるいは翼の生えた女性の姿で描かれる女神。シンボルマークは、交差した2本の矢と、盾を組み合わせたものだ。
　戦争と狩猟の女神であるネイトは、戦争が近づくと戦士に武器を与え、戦いが始まれば王の道をさえぎるものを取り除き、戦死者が出ればその遺体を守るのだという。
　一方でネイトは、結婚と織物という女性的なものの守護神でもある。彼女が織物の守護神となった原因は、連想ゲームに近い考えからである。まずネイトは、戦死者の遺体を守る神であることからミイラ作りの特性を与えられ、ミイラ作りには大量の包帯が必要なことから、包帯を作る織物技術の神になったと考えられている。

ネフベト

別名：ネクベト
名前の意味：ネヘブの者

　ハゲタカそのもの、あるいはハゲタカの頭を持つ女性という姿で描かれる女神。左のページで紹介した蛇の女神ウアジェトと対になる存在で、ナイル川上流地域である上エジプトの支配者を守る女神である。
　ちなみに名前の由来であるネフベトとは、上エジプトの都市の名前だ。ここにはネフベトの大規模な神殿があり、上エジプト一帯の首都のような役割をはたしていた。

バステト

別名：-
名前の意味：ブバスティスの者

　メス猫そのものか、猫科の動物の頭を持つ女性の姿で描かれる女神。手にはシストルムという楽器（イラスト参照）を持っている。バステトは家庭の守護神で、猫が多くの子供を産むことから、多産の女神でもあった。
　バステトは、猫だけでなくライオンの頭を持つ姿で描かれることも多いため、しばしばライオンの頭を持つ破壊神「セクメト（→p64、p160）」と混同される。一説によれば、ビールに酔っぱらって倒れたセクメトから、憎しみの感情を取り除いた結果生まれたのがバステトなのだという。

バステト

　バステトは元々、ナイル川下流の三角州地帯にある都市「ブバスティス」の都市神だった。この都市には猫を埋葬するための専用の墓地があり、復活を信じてミイラ化された猫が多数発掘されている。エジプト人は、「戦争のとき、大量の猫を人質にとられたせいで戦意を喪失して負けた」という逸話があるくらいの猫好き民族なのである。

ヘケト

別名：-
名前の意味：ヘルウルの女主人

　カエルの頭部を持つ女神。古代エジプトでは、カエルは泥のなかからひとりでに生まれてくる神秘的な動物だと考えられていた。そのカエルを女神に擬人化したヘケトは、カエルと同じように多産の象徴であり、失われた生命を取り戻す再生の女神となった。
　のちにヘケトはオシリス神話（→p62）にも取り入れられ、イシスが太陽神ホルスを出産するときに産婆をつとめたり、毒蛇にかまれたホルスの治療を担当している。

ヘメウセト

別名：-
名前の意味：カアの妻

　156ページで紹介した人間の生命エネルギー「カー」は、擬人化されて男神の姿をとることがある。その妻として常に寄り添うとされるのが、ヘメウセトという女神だ。
　ヘメウセトは、王または神の子を腕に抱き、地面にひざまづく女性として描かれる。彼女の役目は、疲労して力を失ったカーを癒し、活力を取り戻させることだ。

ギリシャ神話

ヨーロッパで初めて世界規模の国を作り、ヨーロッパ文化の基礎を作ったギリシャ人。このページで紹介するのは、そんなギリシャ人たちの宗教から生まれた神話です。

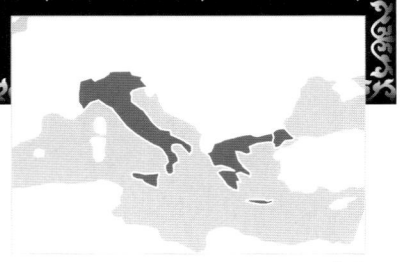

ギリシャ神話とは？

ギリシャ神話を作ったギリシャ人は、昔からギリシャ地方に住んでいたわけではありません。いまから3000年以上昔、紀元前2000〜1200年頃にかけて、ギリシャより北方に住んでいた「イオニア人」「アカイア人」「ドーリア人」の3民族が、ギリシャ付近に移住して現地の民族を征服し、小国家の連合体を作りました。この連合体に所属する雑多な民族が、まとめてギリシャ人と呼ばれたのです。

元々のギリシャ人の神話は、詩人たちによって口頭で語り継がれるものでしたが、紀元前8世紀頃から神話を文字に記録する動きが始まります。このような動きのなかでまとめられた右のような物語や解説書が、現在ではギリシャ神話の原典として扱われています。

ギリシャ神話の代表的作品

- **『イリアス』など（前8世紀）**
  詩人ホメロスの英雄物語で、「トロイの木馬」で有名。続編『オデュッセイア』も重要な作品です。
- **『神統記（テオゴニア）』（前7世紀）**
  地方ごとにばらばらだった、神の家系図や神話世界の歴史を、ひとつの筋に定めた作品。
- **1〜3世紀の著作物**
  『ギリシャ神話（ビブリオテーケー）』『変身物語』などが有名。神々の恋物語やギリシャ星座の物語の多くは、この時代に書かれました。

ギリシャ神話の派生形「ローマ神話」

ギリシャ最古の英雄物語『イリアス』の完成に遅れること約100年、イタリア半島で「古代ローマ」と呼ばれる都市国家が誕生しました。その後ローマは拡大を続けて、ヨーロッパの大半を支配する「ローマ帝国」に成長します。

ローマ帝国はギリシャを支配下に置いていましたが、文化面では逆に、ギリシャ文化の影響を強く受けていました。それは神や神話についても同様です。

ローマの神話に登場する神の名前はローマ独自のものですが、神の特徴や神話の内容がギリシャ神話とほとんど同じになっています。ギリシャの文化を尊敬していたローマ人は、自分たちが古くから信じてきた神にギリシャの神を合体させることで、ギリシャのすぐれた神話物語をまるごと吸収してしまったのです。

ギリシャ神話の世界ができるまで

> それでは、まず最初に、わたくしたちギリシャ神話の神が暮らしている「現在（いま）」の状況が、どんなふうに作られたのかを説明していきたいと思います〜。

ギリシャ神話では、神話の主人公となる神族が何度も変わります。

まずはどのような経緯でギリシャ神話の世界が生まれ、どんな神族が生まれ、どのような争いがあったのかを、ごく簡単に説明していきます。

世界の始まり

世界の混沌（カオス）から生まれた大地母神ガイアは、みずから産んだ天空神ウラノスと結婚して多くの神（ティタン神族）を産みます。

→ **ガイア誕生**

クロノスの反乱

ウラノスの息子クロノスは、母ガイアと協力し、ウラノスを去勢します。世界の支配権は、クロノスたち「ティタン神族」のものになりました。

ティタン誕生

ゼウスの反乱

自分の子供たちを虐待（→ p44）するクロノスを、彼の息子ゼウスが倒して封印、ゼウスたち「オリュンポス神族」が世界の支配者となります。

→ **オリュンポス誕生**

ティタン戦争（ティタノマキア）

ティタン神族の生き残りが、ゼウスたちオリュンポス神族から支配権を奪い返すため戦争を仕掛けますが、オリュンポスの勝利で終わります。

← **戦争！**

巨人戦争（ギガントマキア）

敗れたティタン神族への仕打ちに怒ったガイアが、巨人族ギガスを産み出してゼウスたちと戦いますが、オリュンポス側が勝利しました。

← **戦争！**

ギリシャ神話の「現在」

すべての敵を撃退したゼウスとオリュンポス神族は、神々の世界の支配者として、安定した地位を手に入れました。

> ギリシャ神話の固有名詞って、やたらと「ー（長音記号）」が多いから、読むのが大変なんだよね。そんなわけでこの本では「長音記号をすべて省略する」っていう表記法を採用しているよ。

ギリシャ神話の主人公は誰？

ギリシャ神話の主役は、主神ゼウスを中心とする神の一族「オリュンポス神族」です。ここではオリュンポス神族そのものを紹介したり、そのまわりにどんな神様がいたのかを紹介しますね。

ギリシャ神話の神々と種族

神々は、オリュンポス神族とティタン神族に分かれていましたが、そのどちらにも含まれない神々もいます。なかでも大地母神「ガイア」は強力な神で、163ページで紹介した「巨人戦争」では多くの怪物を産み出し、オリュンポス神族を苦しめました。

また、神々と人間のほかに、精霊や怪物の種族が多いのもギリシャ神話の特徴です。

ギリシャ神話の神族

・**古き神々**
「世界の始まり」（→p163）の初期に生まれた神々。大地母神ガイアが代表格。

・**ティタン神族**
古き神である天空神ウラノスとガイアの子供たちのこと。王は農耕神クロノス。

・**ギガス**
ガイアが産んだ巨人族。巨人戦争（→p163）でオリュンポス神族の敵となった。

・**ヘカトンケイル**
50の頭と100本の腕を持つ、3人の巨人族。地下に幽閉されていた彼らをゼウスが助けたため、オリュンポス神族の味方についた。

ギリシャ神話　神族相関図

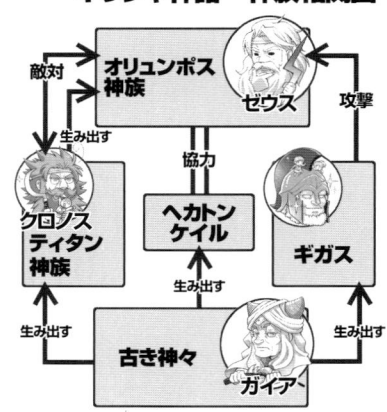

オリュンポス神族（ゼウス） ─敵対→ 古き神々
オリュンポス神族 ─攻撃→ ギガス
古き神々（ガイア） ─生み出す→ クロノス・ティタン神族
古き神々 ─生み出す→ ヘカトンケイル
古き神々 ─生み出す→ ギガス
ヘカトンケイル ─協力→ オリュンポス神族

オリュンポス神族とは？

オリュンポス神族とは、最高神ゼウスに従う神々の呼び名です。この名前は、ギリシャ神話の神々が、ギリシャ中部にある「オリュンポス山」の山頂付近に住んでいると考えられたことからついた名前です。

オリュンポス神族では、神々のなかでもっとも偉大な男女6柱の神が「オリュンポス十二神」という称号で呼ばれています。12柱のうち、美の女神アプロディテ（→p46）をのぞく11柱はゼウスの兄弟、あるいは子供が占めていて、オリュンポス十二神が、ゼウスと血のつながった一族による支配体制であることがよくわかります。

166ページでは、オリュンポス十二神の神様全員を紹介していますよ〜。ぜひご覧になってくださいね〜？

オリュンポス神族関係図

ゼウス
なぜじゃ、なぜワシだけ図表から追い出されなきゃいかんのじゃ！仮にもワシは最高神だぞ！

デメテル
娘を奪った！ →

ハデス

ペルセポネ
妻です♪
一目惚れ
母娘

ヘラ
あなたを入れると、関係図がゴチャゴチャすぎて見にくいんですっ！そもそもあなたが女の子のお尻ばかり追い回すから天界の秩序は……（くどくど）

ヘスティア
あのう……わたくしも、図に入れて頂けてないようなんですが……聞いてらっしゃいます？

アポロン — 双子の絆 — **アルテミス**

憎たらしい！ ↑　↑ 母さんをいじめたら許さない！

ヘラ
我が子は馬鹿ほど可愛い
尊敬する母
つまらない女……
結婚もせず男遊びばっかり！
できのいい義娘
りっぱな義母様
若いんだから遊べばいいのに

オトメ友達♪

アレス
愛人一号
お前は俺のモノだよな

アプロディテ

ポセイドン

アテナ
不埒な乱暴者！
お高くとまりやがって！
アテナイ争奪！

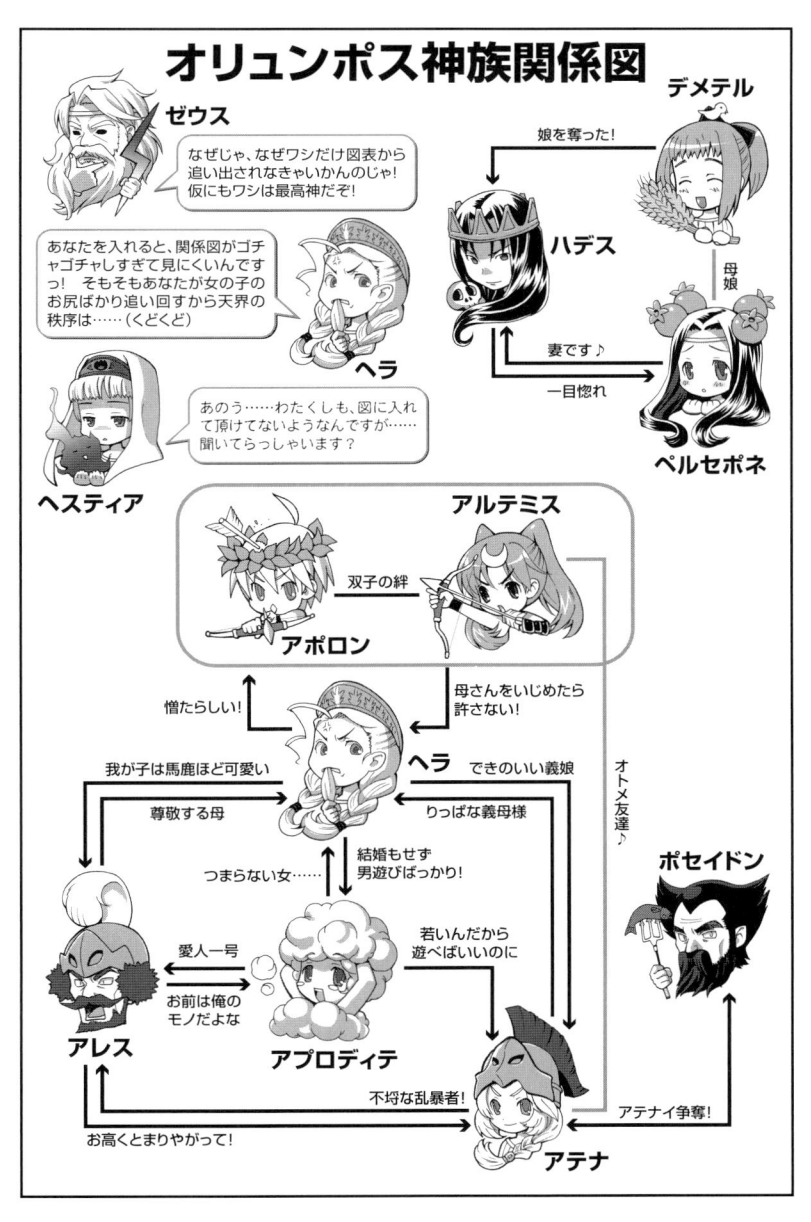

	ギリシャ名	ローマ名 （英語名）	神の役割と 守護するもの	象徴物
	ゼウス	ユピテル （ジュピター）	天空、雷、 運命の執行者など	鷲、樫の木、稲妻
	ヘラ	ユノ （ジュノー）	結婚、出産、家庭	雌牛、クジャク、 たいまつ
	アテナ	ミネルウァ （ミネルヴァ）	知恵、技術、芸術 都市の防衛者など	ふくろう、 オリーブ
	アポロン	アポロ （アポロ）	弓、医術、音楽、太陽 など	月桂樹
	アルテミス	ディアナ （ダイアナ）	狩猟、月、死 女子供の守護者	鹿、熊、猟犬
	アレス	マルス （マーズ）	流血、殺戮 軍神	猪、狼、キツツキ
	デメテル	ケレス （セレス）	農耕、穀物	小麦、鎌、 たいまつ
	ペルセポネ	プロセルピナ （プロセルピナ）	春の女神 冥界の女王	ポプラ、水仙、 ざくろ
	ヘスティア	ウェスタ （ヴェスタ）	炎、家庭、家屋	炎、ロバ
	アプロディテ	ウェヌス （ヴィーナス）	愛、美	白鳥、真珠、 ホタテ貝、リンゴ
	ポセイドン	ネプトゥヌス （ネプチューン）	海、馬、地震	三つ又の矛
	ハデス	オルクスorプルト （プルート）	貴金属、宝石 冥界の王	ポプラ、二又槍

解説	ローマでの扱い
オリュンポス神族の最高神。神の雷で敵を撃つ戦士でもある。女性が大好きで、美しい女性をみつけると神でも人間でもおかまいなしに愛を交わし、子供を作った。	ユピテルはローマに古くからいた神だが、元々ゼウスの原型になった神と同じ神を元にしているので、ゼウスとの同化も違和感なく受け入れられた。
結婚、出産、家庭という、成人女性の人生そのものを守護する女神。ゼウスの正妻としてすべての女神の頂点に立つ。結婚という契約を無視するゼウスに常に頭を悩ませる。	ユノは月の女神だったが、ユピテルの妻だったことから、ギリシャ神話輸入後、ゼウスの妻であるヘラと同様の性質を持つようになった。
ゼウスの頭から産まれた処女神。武器を持てば無双の強さを発揮し、戦場を離れれば技術者かつ文化の神として活躍する文武両道が特徴。ゼウスから下賜された神の盾アイギスを持つ。	ミネルウァはローマ固有の女神で、知恵と工芸をつかさどる女神だった。アテナと同化したことで、戦いも守護するようになった。
アルテミスとは双子。弓の達人かつ医療の神として知られる。容姿が美しく、戦えば強く、性格も文句なしの理想的な神であったが、なぜか女運は悪くふられてばかりであった。	ほかの神より早くローマに輸入されていたため、ローマでもほぼ同じ名前で呼ばれた。
アポロンの双子の妹である処女神で、兄妹そろって母想いで知られる。狩りの女神として野山の動物を守護する。後年、月の女神セレネから月の属性を受け継いだ。	アルテミスが月の女神になる以前から「ディアナ」は元々月の女神だった。アルテミスとディアナが融合したあとは、逆にアルテミスの月神化を加速させることになった。
ゼウスとヘラの息子。オリュンポスの最高神夫婦の息子という立場にありながら、粗暴で無分別な荒くれ者であり、神々からけむたがられた。軍神であるがアテナには全くかなわない。	ローマを建国した者の父がマルスだったとされる。戦いを重視するローマでは、アレスの粗暴な性格が一掃され、主神ユピテルをしのぐほどの崇拝を受けた。
植物の実りをつかさどる女神。彼女が仕事をおこたると、大地の草花が枯れはて、冬という季節がおとずれる。ゼウスとのあいだにできた娘の、ペルセポネを溺愛している。	ローマ固有の神だったが、(デメテルと同化する前に) どのような神だったかは不明。その名前は穀物を意味する「シリアル」という単語の元になった。
ゼウスとハデスの共謀により、冥界の妃となった女神。契約により1年の1/3を冥界で過ごす。彼女が冥界から帰ると母デメテルは喜び、大地には草花が咲き乱れる。そのため春の女神とされる。	プロセルピナは元々ローマの農業神だったが、ペルセポネと同化したあとは独自の特徴を失い、完全にペルセポネと同じ女神になってしまった。
家庭の中心であるかまどを守護する女神。炎の女神でもある。主婦の守護神であるため神としての地位は高いが、神話で活躍することはきわめて少ない。	ローマでは都市ひとつを大きな家族と見なすため、祭りごとにおいて非常に重視された。ウェスタに仕える巫女は社会的地位をもつ唯一の女性だった。
無数の愛人をかかえる愛と美の女神。海の泡から産まれたという伝説をもつ。愛人の筆頭は軍神アレス。非常にプライドが高く、彼女を馬鹿にする者には手ひどい罰が与えられた。	ローマの支配者は、自分たちの一族の祖先「アエネアス」が、女神ウェヌスの息子だと主張した。そのため、ウェヌスはローマで非常に人気のある女神となった。
ゼウスの兄。三兄弟のくじびきによって世界中の海の王となった。手に持つ三叉矛(トリデント)は波を自在にあやつるという。馬という動物を産み出したのはポセイドンだとされている。	ギリシャに比べると扱いはマイナーである。海の神よりも馬の神としての信仰が強く、競馬の守護神としてあがめられた。
ゼウスの兄で冥界の王。冥界は地下にあると考えられたため、地下から発掘される宝石、貴金属、そして地下から生えてくる植物の神となった。優しく純粋な性格で、それゆえ他人にだまされやすい。	貴金属の守護者として注目され、ギリシャ語で「富める者」を意味する単語プルートーンがなまって、ローマでの名前になった。

ギリシャ神話　女神小事典

ギリシャ神話はですねえ、ほかの神話とくらべて、女神様の多さではトップクラスだと思いますよ〜？　みなさんにたっぷり3ページ、ギリシャ神話の女神様たちをご紹介しますね♪

アストライア（アストライアー）

神族：オリュンポス？　古き神々？
ローマ名：ユースティティア

　背中に翼を生やした正義の女神。3世紀の神話物語『変身物語』によれば、彼女は人間を愛し、すべての神々のなかで一番最後まで、人間を見捨てなかった。

　ギリシャ神話では、初期の人類は高潔で信仰心に厚く、質の高い種族だったが、世代を重ねるごとに劣化し、不信心で欲深くなったとされている。神々はそんな人類にあきれて地上を離れるが、アストライアだけは人間を更正させようと努力を続けた。しかし人間の劣化は止まらず、ついに彼女も人間に絶望して地上を去る。

　ギリシャ星座の乙女座は、このとき天空に去ったアストライアだという説がある。

イリス（イーリス）

神族：オリュンポス神族
ローマ名：なし

　背中に黄金の翼を生やし、手に杖を持った姿で描かれる虹の女神。彼女は、空に虹が一瞬でかかるかのように、空をすさまじい速さで飛び、あらゆる障害をすりぬけて目的地に着くことができる。

　神話ではこの特徴を生かして、オリュンポスの神々の伝令役として活躍している。最高神ゼウスやその妻ヘラの命令は、イリスによって、神々や人間に伝えられるのだ。

　イリスは召使いのようにさまざまな神に仕えたが、女神ヘラ（→p38）には特に忠実に仕え、風呂や化粧の世話はもちろん、昼も夜も、眠ったり気を緩めることなく、ヘラの玉座の下に立ち続けた。

エオス（エーオース）

神族：ティタン神族
ローマ名：アウローラ

　バラ色の指を持つという暁（あかつき）の女神。兄弟に「太陽神ヘリオス」と「月の女神セレネ（→p169）」がいる。

　エオスの日課は、毎朝、2頭引きの戦車に乗って東の空をバラ色に染め、兄である太陽神ヘリオスの到来を神々に知らせることだ。その後は兄とともに空を駆け、翌日になるとまた東の空にあらわれる。

　彼女は、女神アプロディテ（→p46）の愛人である戦神アレスと関係を持ったためアプロディテに恨まれ、"男あさり"がやめられなくなる呪いをかけられている。この逸話は、寝るまで愛し合った恋人たちも、暁（夜明け）の時間になればふたたび性欲がわいてくることからの連想で生まれたものだという。

ガイア

神族：古き神々
ローマ名：テルス

　原初の大地母神。74ページ参照。

キルケ（キルケー）

神族：ティタン神族
ローマ名：不明

　太陽神ヘリオス（エオス参照）と水の女神のあいだに産まれた邪悪な女神。神話ではイタリア半島の西海岸にある伝説上の小島、アイアイエー島に住んでいる。

　英雄物語『オデュッセイア』では、彼女はこの島に住む人間に動物化の呪いをかけて家畜として飼っている。主人公オデュッセウスの一行も豚に変えられたが、オデュッセウス

だけは神からもらった薬草のおかげで無事だった。彼は力ずくで仲間の呪いを解除させるが、同時にキルケの美しさに魅了され、その愛人となってしまった。
『オデュッセイア』は、主人公オデュッセウスが、遠い故郷に残してきた妻の元に戻るまでの冒険を描く物語だが、彼はキルケのもとで、妻や家族のことすら忘れ、1年もの時間を浪費してしまっている。やがて我に返って故郷へ出発するオデュッセイアを、キルケは旅の助言を与えて見送った。

セレネ（セレネー）
神族：ティタン神族
ローマ名：ルナ

　黄金の冠で夜空を照らす月の女神。背中に翼を持っている。エオス（→p168）やヘリオスの妹で、空の旅を終えたふたりを出迎えたあと、自分も戦車に乗って夜空に上がる。
　彼女の神話のなかで特に有名なのは、美しき青年エンデュミオンとの一途な恋物語だ。トルコ南西部にある洞窟で、セレネは眠っている美青年エンデュミオンに夢中になり、閉じた瞳にキスをしてその場を去った。
　その後エンデュミオンは、老いへの恐怖からゼウスに永遠に眠り続けることを条件に許された。その後もセレネはたびたび眠るエンデュミオンのもとに降り、キスだけをして去って行くという。
　ちなみに、彼が眠る理由には複数の異説がある。ゼウスの妻ヘラに色目を使った罰だとか、結婚したセレネが何十人も子供を産まされて辛いので眠らせた、という物語もある。

テミス
神族：ティタン神族
ローマ名：ユースティティア

　両手に剣と天秤を持つ、法と掟の女神。ローマではユースティティアと呼ばれ、英語「Justice（正義）」の語源になった。現在でも彼女は法廷のシンボルとなっている。
　テミスはティタン神族出身だが、ゼウス誕生直後からオリュンポス神族に協力し、レア（→p44）が産んだゼウスを預かったり、アポロンとアルテミス（→p50）の出産を指揮するという重要な役目をはたしている。
　テミスは元々ゼウスの正妻だったが、父クロノスを倒したゼウスがヘラ（→p38）に求婚すると、ヘラに正妻の座を譲り渡す。嫉妬深いヘラもテミスに対しては優しく、テミスがゼウスの相談役としていつもそばにいても、すこしも怒らなかったという。

テティス
神族：古き神々
ローマ名：テティス

　50人いる海の女神「ネレイス」のリーダー的存在。美しいテティスは主神ゼウスや海神ポセイドンから求婚されていたが、あるとき「テティスは父親より強い子供を産む」と予言がくだったため、権力を守りたいゼウスとポセイドンは求婚を撤回し、彼女をむりやり人間と結婚させた。
　こうして生まれたのが「アキレス腱」の由来として有名な英雄、アキレウス（→p171）だ。彼女は生まれたばかりのアキレウスをつかみ、神聖な河川「ステュクス」の水につけて彼を不死身にしたが、テティスがつかんでいた"カカト"だけには水がかからず、この部分が弱点として残ったという。

テュケ（テュケー）
神族：ティタン or オリュンポス
ローマ名：フォルトゥナ

　人間に気まぐれな幸運を与える女神。頭に冠をかぶり、無数の作物をつめた牛の角や、運命の輪とともに描かれる。彼女の行動については58ページを参照。

テュケ

169

中世以降の絵画では、テュケはすべての髪を額の上でまとめた髪型で描かれることが多い。これは「幸運の女神の後ろ髪をつかむことはできない」ということわざから生まれた髪型表現である。

ニュクス

神族：古き神々
ローマ名：ノクス

古代ギリシャ語で「夜」という意味。世界創造のときに生まれた非常に古い女神で、混沌（カオス）のなかから、暗黒を意味する男神「エレボス」と同時に誕生した。ニュクスとエレボスの結びつきから、「アイテル（光）」と「ヘメラ（昼）」が産まれ、世界はようやく光に包まれたのだ。

その後のニュクスは、あらゆる争いを平和におさめる調停者の神として信仰された。なぜなら、どれほど激しく殺しあっていた戦士たちも、夜（ニュクス）になれば武器をおさめ、明日に備えて眠りにつくからだ。

ヘカテ（ヘカテー）

神族：ティタン or オリュンポス
ローマ名：トリヴィア

冥界の女神にして月の女神。昼は作物に実りを与える一方で、夜は魔術や亡霊に関心を示すという二面性を持っている。ギリシャ神話に登場する魔女はヘカテの信者が非常に多く、このことから中世ヨーロッパの魔女狩りでも、魔女の守護神として恐れられた。

彼女は元々ギリシャ人がギリシャ半島にくる前から（→p162）信仰されていた偉大な神で、天上、地上、タルタロス（奈落）の3カ所を支配することから、3つの顔を持つ神だと信じられていた。

彼女は本来独立した神として信仰されていたので、そのときの都合で肉親関係が変わることが多い。『神統記』（→p162）ではティターン神族の娘だが、ゼウスの娘としてオリュンポス神族に加える資料もある。

ムサイ（ムーサイ）

神族：オリュンポス神族
ローマ名：ムサ

太陽神アポロンにつき従う、芸術と学問と楽の女神たち。英語読みの「ミューズ」で知っている人も多いだろう。オリュンポス神族の偉大な勝利を、歌として語り継ぐために生まれたという。

ムサイ（ムーサイ）は複数形で、ひとりを指すときはムサ（ムーサー）という。ムサの人数は古くから議論の対象になっており、3人から9人まで幅広い意見があったが、最終的には9人の女神ということになった。

9人のムサたちには、それぞれ得意なジャンルがある。エウテルペは笛が得意で、メルポネは悲しい演劇、ウラニアは天文学、カリオペは英雄物語といった具合である。

学問と芸術をこころざす者に、ムサたちは熱烈に信仰された。ムサ信仰の名残は現在にも残っていて、たとえば博物館や美術館を意味する「museum（ミュージアム）」という英単語は、ムサの名前から生まれた単語だ。

メティス（メーティス）

神族：ティタン神族
ローマ名：不明

海神オケアノスの娘で、水と知恵の女神。豊穣神クロノス打倒前のゼウスと結婚した最初の妻だった。彼女はクロノスに飲み込まれたゼウスの兄弟姉妹を救出するため、カラシの入った飲み物を飲ませて吐き戻させるという作戦を進言するなど、ゼウスの軍師として活躍し、ゼウスたちを勝利に導いた。

勝利の功労者となったメティスだが、その末路は不遇だった。あるときゼウスに「メティスが産む息子は、ゼウスの地位を奪う」という予言がくだる。これを恐れたゼウスは、出産間近のメティスを丸呑みにしたのだ。それ以降メティスは、ゼウスの体内からも助言をするようになったという。ちなみにこのときメティスが妊娠していたのが、戦神アテナ（→p54）である。

モイライ

神族：古き神々？
ローマ名：ファタエ

人間や神の運命を決定する女神。長女ラケシス、次女クロト、三女アトロポスの三姉妹である。くわしい特徴は26ページ参照。

彼女たちの起源ははっきりしないが、世界を作った古き神のひとり「ニュクス（左上参照）」の娘だとする資料がある。

半神の英雄たち

> ギリシャ神話の主人公は、神様だけじゃないんですよ〜?
> 人間の英雄にもカッコイイ人たちがたくさんいて、すごい活躍をしますから、ぜひ彼ら英雄の物語を読んでみてくださいね〜。

　ギリシャ神話には、神の血を引く英雄が無数に登場します。ここではそのなかから、特に有名で、重要な役目を果たした英雄4人を紹介します。

神殺しのヘラクレス
　ヒュドラ退治に代表される12の冒険で知られる有名な英雄です。人間の身ながら巨人戦争（→p163）に従軍し、「神の攻撃では死なない」能力をもつ巨人たちにとどめを刺すという大仕事をやってのけました。

メドゥーサ狩りのペルセウス
　見ると石になる怪物メドゥーサを、鏡に相手の姿を写しながら戦って退治したことで有名な英雄。王女アンドロメダとのラブロマンスでも知られています。ヘラクレスと彼は最高神ゼウスの息子です。

不死身のアキレウス
　かかとを除いて全身が不死身の肉体になっている英雄。アキレス腱の語源になったことで広く知られています。162ページで紹介した神話物語『イリアス』の主人公として活躍しました。

医神アスクレピオス
　太陽神アポロンの息子で、神がかり的な医術を身につけた英雄です。ですが死者すらも復活させることができたため、死後の世界を管理する冥界神ハデスに危険視され、自然の秩序を乱した罪で殺されてしまいました。

> オリュンポスの神は、英雄の活躍に興味津々! とくに自分の子供の活躍が気になるみたいで、たとえばゼウス様の息子のヘラクレス君は、なにかとゼウス様に目をかけられているし、アスクレピオス君はアポロンのお気に入り。それ以外でも有名な英雄には、たいてい支援する神がいるみたいね。

アテナ

「ヒーロー」の発祥はギリシャにあり！

　英雄のことを英語で「HERO」っていうのはみんな知ってますよね。じつはこの言葉、古代ギリシャ語の「HEROS（ヘロス）」が語源なんです。意味は「半神半人」。元々は「英雄」なんて意味はなかったんですね。
　どうも、ギリシャ神話に出てくるスゴイ人間は、たいてい神様の血を引いているので、ヘロスって言葉はいつのまにか「英雄」って意味で使われるようになったらしいですよ。

北欧神話

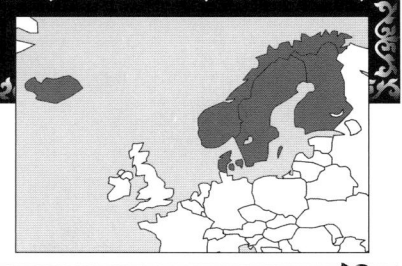

北欧神話とは、ヨーロッパの北の果て、スカンジナビア半島やその周辺地域で広く信仰されていた、ゲルマン人の宗教を基にした神話です。

北欧神話で活躍する種族

> 北欧神話のことなら私にも説明できるから、ここはやらせてちょうだい！
> 北欧神話の神の種族は基本的に3種類！ どの種族もあんまり仲が良くないんだけど、ときどき交流があったりするの。

アース神族
オーディン様に従う神の一族、北欧神話の主人公ね。私とお姉様たちも、いまはアース神族に仲間入りしているの。

ヴァン神族
ヴァン神族の神様は魔法が得意なのよ。昔はアース神族と敵対していて、戦争をしたこともあったんだけど仲直りしたの。そのときヴァン神族から人質交換でやってきたのが、美の女神フレイヤ様よ！

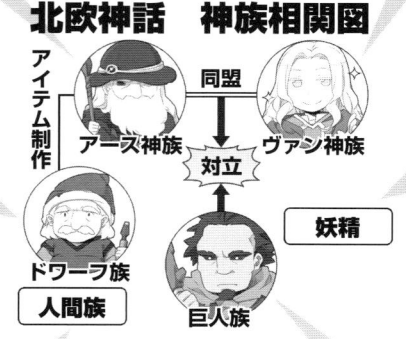

小人族（ドワーフ）
妖精族はいろいろいるけど、ドワーフ族の活躍ぶりはちょっとすごいものがあるわ！ 宝石を見つけたり道具を作るのがうまくて、神様の武器とかアクセサリはたいていドワーフ製なの！

北欧神話 神族相関図

アース神族 ― 同盟 ― ヴァン神族
アイテム制作
対立
ドワーフ族
人間族
巨人族
妖精

妖精
北欧神話の世界には、神っていうほど強い力は持ってないけど、あの子たちなりの特別な力を持った妖精がたくさんいるのよ。森に住んでるエルフなんかが代表格ね。神の争いには非介入みたい。

人間
人間のみんなは自分たちの世界だけで暮らしてるから、神の世界にかかわってくることってあんまりないのよね。逆にオーディン様は、しょっちゅう人間の世界にちょっかいをかけに行っているみたい。

巨人族（ヨトゥン）
アース神族とヴァン神族の宿敵ね！ 霜の巨人とか炎の巨人とか、強いやつがたくさんいるの。いずれ巨人と大きな戦争になりそうなのよね。

世界を内包する大樹「ユグドラシル」

北欧神話の世界は、神の世界や人間の世界、地獄みたいな世界が、ぜーんぶまとめて1本の木のなかにあるの。このどでかい木のことを「ユグドラシル」とか「世界樹」っていうのよ！

どのくらいの大きさ？

なんたって9個の世界が入っているから大きいわよ！ 宇宙規模だなんて書いている解説書も多いらしいわね。

上と下にいるのは何？

頂上にいるのは羽ばたきで風と嵐を起こす「フレスヴェルグ」。下にいるのは、根っこをかじる悪いドラゴン「ニーズヘッグ」ね。

何の木なの？

あなたたち人間の世界にもある「トネリコ」っていう木の、特別でっかいやつね。

世界樹の中にある9つの世界

世界樹ユグドラシルには、9つの世界が3階層に分かれて内包されています。

アース神族は「アースガルド」という世界に、ヴァン神族は「ヴァナヘイム」という世界に住んでいます。これに妖精の国「アルフヘイム」を加えた3世界が、いわゆる天界です。

人間世界「ミッドガルド」は天界の下にあり、同じ高さにはドワーフの国「ニダヴェリール」、巨人の国「ヨトゥンヘイム」があります。

最下層は、氷の「ニヴルヘイム」、死の世界「ヘルヘイム」、炎の国「ムスペルヘイム」の3世界です。

最終戦争ラグナロク

この世界では将来に大戦争が起きて、9つの世界が世界樹もろとも滅んじゃうの。この大戦争を「ラグナロク（神々の黄昏）」っていうのよ。

わたしたちワルキューレは、ラグナロクで一緒に戦う兵士さんを集めるため、戦死した人間さんの魂をスカウトするのがお仕事なのよ。

北欧神話はどこの神話か?

> はいはい質問〜。実際、北欧神話ってなんなの?
> 北欧の神話って言われても、そもそも北欧って言葉自体がわりといーかげんな枠組みだった気がするんだけど。

> その質問には私がお答えしますね〜。
> 北欧神話は、ゲルマン人っていう人たちの神話のなかで、北欧で生き残っていたものです。だからゲルマン神話なんて呼び方もあるんですね〜。

現在「北欧神話」と呼ばれているのは、現在のドイツや北欧諸国に古くから住んでいた「ゲルマン人」の神話です。

ゲルマン人は独自の宗教や文化を持っていましたが、ドイツ付近に住むゲルマン人は、いまから約 1500 年前、5 世紀頃までに独自の文化と宗教を捨ててキリスト教徒になってしまったので、ドイツ付近にはゲルマン人の神話がほとんど残っていません。ところが北欧では、キリスト教が広まり始めるのが 8 世紀と遅かったため、ゲルマン人の神話が原型に近い形で「北欧神話」として残されたのです。

北欧神話とゲルマン神話が語り継がれた場所

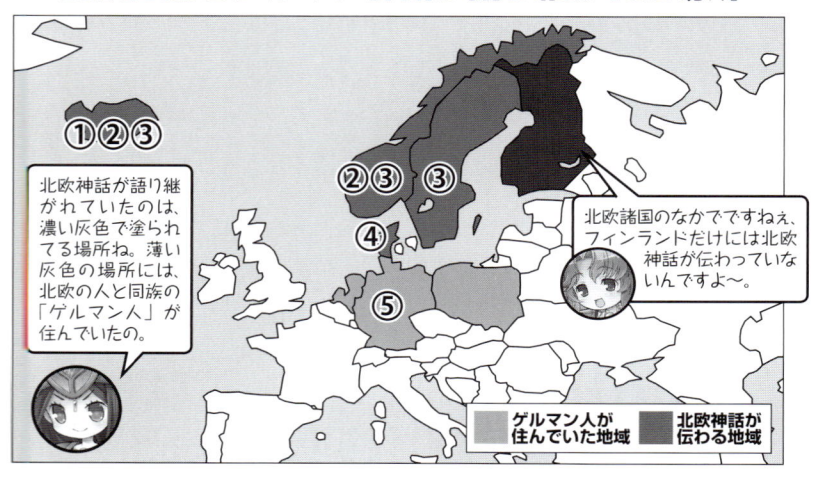

> 北欧神話が語り継がれていたのは、濃い灰色で塗られてる場所ね。薄い灰色の場所には、北欧の人と同族の「ゲルマン人」が住んでいたの。

> 北欧諸国のなかでですねぇ、フィンランドだけには北欧神話が伝わっていないんですよ〜。

ゲルマン人が住んでいた地域　　北欧神話が伝わる地域

> ドイツなどに住んでいたゲルマン人は、北欧の人と同じ神様を信仰していたのだそうです。つまり、ゲルマン神話と北欧神話は、ほとんど同じものなんです〜。

北欧神話の原典いろいろ

　北欧の神話は、詩人たちが代々語り継いだものだったので、神話の内容を文字にした資料があまり多くありません。現在では下にあげた①～④までの資料が、北欧神話の「原典」として認められています。これらの原典が作られた場所は、左ページの丸数字で確認できます。

①『新エッダ』（スノリのエッダ）

　13世紀アイスランドの詩人スノリが、北欧各地に伝わるばらばらの神話を再構成した書物です。元々は『エッダ（詩）』という題名で作られましたが、後世、より古い詩をまとめた、別の『エッダ（右参照）』が発見されたため、区別のために『新エッダ』『スノリのエッダ』と呼ばれます。『新エッダ』の重要な神話は、スノリが再編成した神話物語『ギュルヴィたぶらかし』ですが、詩人用の参考書として書かれた部分にも、断片的な神話が収録されています。

②古エッダ（詩のエッダ）

　『新エッダ』より400年ほどあとの時代、17世紀にアイスランドの農家から発見された詩集です。ノルウェーの王室で編集されたため『王室写本』とも呼ばれます。
　この本は9世紀頃のノルウェーで編集されたため、スノリの『新エッダ』よりも古く、ゲルマン神話の原型に近い神話が紹介されています。また『新エッダ』のように編集再構成が行われていないため、29点ある神話はどれも短いものばかりです。

③サガ（歴史物語）

　実際の歴史を物語調にアレンジした作品群です。単純な歴史物語ばかりではなく、なかには神々や超常的な英雄が登場する、神話的な作品もあります。
　サガの多くは、アイスランド、ノルウェー、スウェーデンで編集されました。代表的な物語は、竜殺しの英雄「シグルズ」が活躍する『ヴォルスンガ・サガ』や、数多くの騎士をしたがえる英雄王シズレクを主役とした『シドレクス・サガ』です。

④『デンマーク人の事績』（ゲスタ・ダノールム）

　13世紀初頭に書かれた、デンマーク王室の歴史書です。全16巻のうち前半部の9巻で、人間と神々の両方が登場する神話物語が、実際の歴史という形で紹介されています。
　本書は、唯一神以外の神を認めないというキリスト教の影響を強く受けており、北欧の神々が、『エッダ』の神話よりも力を弱められた形で登場しているのが大きな特徴です。

⑤『ニーベルングの指環』

　19世紀ドイツの劇作家ワーグナーが制作したオペラ作品です。この作品は北欧神話そのものではありませんが、北欧のサガ『ヴォルスンガ・サガ』などをベースに作られたもので、物語的な完成度が非常に高く、北欧神話を語るときによく引き合いに出されます。
　178ページの図表は北欧神話の人物相関図ですが、オリジナルの神話だけでなく、この作品の内容も盛り込みました。

再話物語

　古くから伝わる神話や伝承を、現代風にわかりやすく書き直したものを「再話」と呼んでいます。北欧神話を書き直した再話物語は、19世紀ごろから盛んに出版されるようになっています。
　再話物語には、原作にない記述が作者のセンスで付け足されることがあります。そのため神話の正確な記述が知りたい場合、今読んでいるものが原典なのか、再話作品なのかを確かめることが重要です。

女神フレイヤから見る北欧神話

北欧神話の物語は種類が多く、神話の世界の全体像をつかむには、特定の視点から全体を見回してみることが重要です。

この本では、北欧神話の物語を動かす重要な女神であるフレイヤの視点から、北欧神話というのがどのような世界で、どんな神、どんな人物が、どのような物語を作っているのかを見ていきましょう。

パターン1：物欲の暴走

フレイヤは欲望に忠実な女神で、欲しいものがあると高い代価を払ってでもそれを手に入れようとします。

彼女が、4人の小人が制作した「ブリーシンガルの首飾り」を欲しがったときは、小人は代価として「一晩相手をすること」を要求します。フレイヤはそれを承諾し、首飾りひとつのために自分の身体を売り渡したのです。

パターン2：求婚の拒絶

絶世の美女であるフレイヤには、結婚を求める男性が絶えません。特に彼女は巨人族の男性に人気があり、アース神族とのトラブルの種になっています。たとえば雷神トールのハンマーを盗み出した巨人スリュムは、ハンマーを返すかわりにフレイヤと結婚することを要求しましたし、オーディンの要請で巨大な城壁を造った巨人もフレイヤを要求しています。しかし、フレイヤはこれらの要求も拒否したため、ほかの神を巻き込むトラブルとなりました。

パターン3：愛人トラブル

フレイヤには人間、神を問わず多くの愛人がいますが、周囲の神や巨人たちはこれをよく思っていません。『ヒュンドラの歌』という物語では、愛人のひとりである人間オッタルをイノシシに変身させて乗り回すフレイヤを、巨人族の女性ヒュンドラが痛烈に批難しています。また『ロキの口論』という物語には、兄フレイとの近親相姦の罪をとがめられるシーンがあります。

　ふふ、やっとわたしの出番が来たのね？　北欧神話の愛と美の女神、フレイヤよ。ここからしばらくのあいだ、このフレイヤさんから見た北欧神話の世界について解説しちゃうわね。

　北欧神話のお話って、神々の世界アスガルドでのんびり暮らしてる神のところに、トラブルメーカーが火種を持ち込んで、他の神が巻き込まれる、っていうパターンがすごく多いのよ。そしてたいていトラブルの種を持ち込むのは、私のダーリン、主神オーディン様か、イタズラ好きのロキのどっちかなのよね。

　あとはこのわたし、フレイヤがトラブルの火種になることも多いんだけど、別にいつもわたしが何かしてるってわけじゃないのよ？　わたしの美貌に周りの男の子たちがメロメロになって、勝手に争奪戦を始めちゃうわけ。美しいって罪だわ～♪

フレイヤが見るアース神族の神々

北欧神話の主人公は、神々の世界アースガルドに住む「アース神族」よ～。ここではアース神族の仲間にどんな神様がいるのか紹介するわね。ぜんぶわたし視点で紹介しちゃうけど……みんな怒らないでね～？

知恵と魔法の最高神 オーディン

私のダーリンのひとり♥　アース神族のまとめ役をやってるの。外見は片眼のさえないおじいちゃんだけど、魔法の腕は一流なのよ。ただ、すっごい意地悪なのよね～。もうちょっと優しくしてほしいわ！

アスガルドの門番 ヘイムダル

地上とアスガルドをつなぐ橋を守ってる、まじめな門番クン。敵がきたらラッパを鳴らして教えてくれるの。ロキに盗まれた首飾りを取り返してくれたこともあったわね～。

怪力の雷神 トール

頭のなかまで筋肉なマッチョ君。雷の神様なんだけど、それ以外にも宇宙最強の武器だってウワサのハンマー「ミョルニル」を持ってるわ。戦ったらいちばん強いのは彼でしょうね。

最高神オーディンの正妻 フリッグ (→ p24)

ダーリン……オーディン様の正式な奥さんね。子供の太陽神バルドル君を溺愛してる教育ママって感じかしら。私とはちょっと相性があわない感じかも。

イケメンな豊穣神 フレイ

私の双子のお兄ちゃん！　私といっしょにヴァン神族からきたんだけど、すっかりアース神族になじんでるわね。動物に子供をたくさん産ませてくれる神様だから、子供がほしい人はお兄ちゃんに祈ってみてね！

黄金の林檎の管理人 イズン (→ p18)

私の美と若さは、イズンちゃんのリンゴの力で保たれてるの。だから彼女がさらわれたときは、ロキに「鷹の羽衣」を貸してあげたわ。奪還できたのは私の羽衣のおかげね！

トラブルメーカー ロキ

この子はイタズラ好きって言うには度が過ぎてると思うわ。私の首飾り盗んだり、宴会でみんなの悪口をわめき立てたり……困ったときは手助けしてくれることもあるんだけど、ちょっとね。

お気に入り愛人 No.1 オッタル

最近私がいちばん気に入ってる愛人クン。彼、人間なんだけど素敵なの！　最近のマイブームは、彼に魔法でイノシシに変身してもらって、あちこち遠乗りすることよ。

私のプライベート、次のページでちょっとだけ見せてあげる！

177

女神フレイヤの北欧神話人物相関図

それじゃあ次は、この私、フレイヤを中心にした北欧神話の人物関係を教えてあげようかな。私のまわりにどんなオトコがいるかわかれば、北欧神話のこともずいぶんよくわかると思うの！

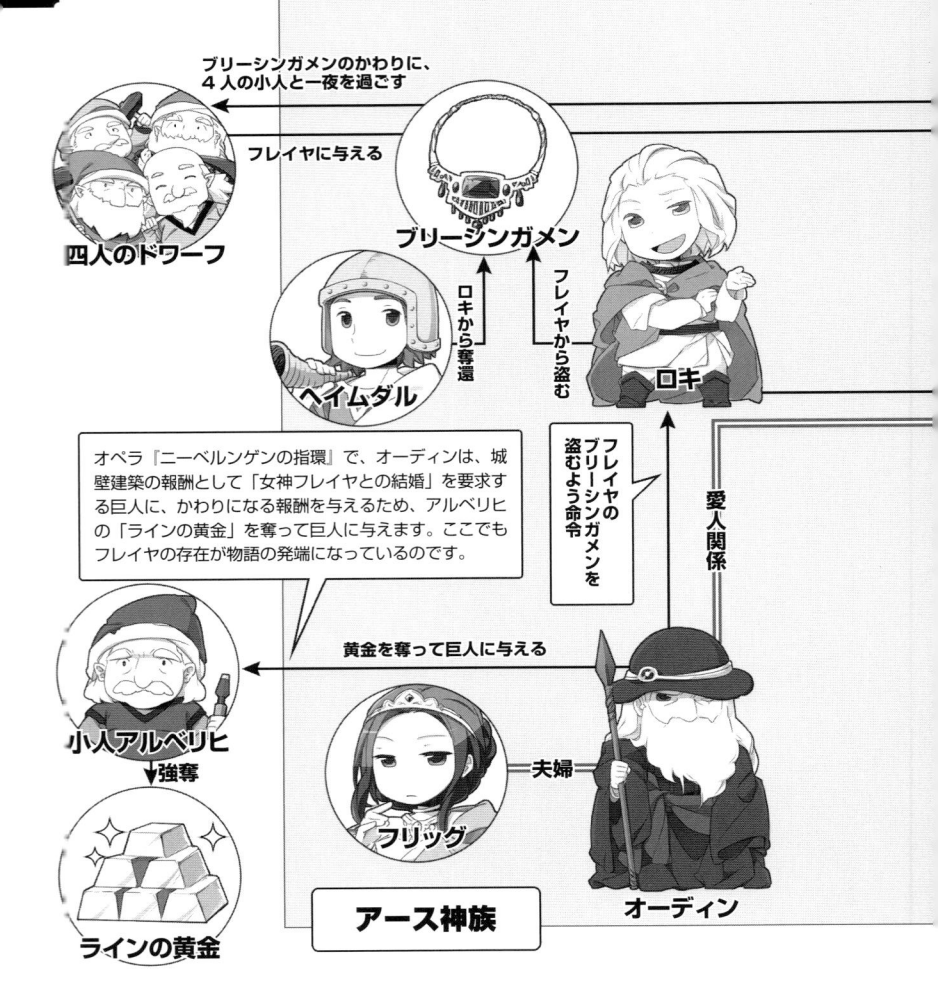

ブリーシンガメンのかわりに、4人の小人と一夜を過ごす

フレイヤに与える

四人のドワーフ

ブリーシンガメン

ロキから奪還

フレイヤから盗む

ヘイムダル

ロキ

フレイヤのブリーシンガメンを盗むよう命令

愛人関係

オペラ『ニーベルンゲンの指環』で、オーディンは、城壁建築の報酬として「女神フレイヤとの結婚」を要求する巨人に、かわりになる報酬を与えるため、アルベリヒの「ラインの黄金」を奪って巨人に与えます。ここでもフレイヤの存在が物語の発端になっているのです。

黄金を奪って巨人に与える

小人アルベリヒ
↓強奪

フリッグ ─夫婦─ **オーディン**

ラインの黄金

アース神族

巨人族

女装してフレイヤのふりをして
ミョルニルを奪い返す

トール

ミョルニルを盗む

巨人スリュム

ミョルニルのかわりに嫁になれと要求

ロキ、誘拐されたイズンを救出

リンゴがほしくて誘拐

巨人スィアツィ

鷹の衣を貸す

フレイヤ

愛人

魔法で争わせる

オッタル

兄妹

フレイ

ヘジン王とヘグニ王子

人間族

この魔法は、ロキに盗ませた「ブリーシンガメン」をフレイヤに返すにあたって、オーディンが出した交換条件です。（この物語では、ヘイムダルはブリーシンガメンを奪還していません）

イズン

神の対立が人間の物語へ

フレイヤの力によって「死んでも復活して永遠に戦い続ける」ことになった、魔剣ダインスレイフの使い手"ヘジン王"と、優秀な剣士である"ヘグニ王子"の戦いは、『ヒャズニングの戦い』という題名でさまざまな文献に収録される人気の物語になっています。

ケルト神話

ケルト神話は、かつてヨーロッパ西部に栄えた古代民族「ケルト人」が語り継いできた神話の総称です。なかでもイギリスの隣にある「アイルランド島」のケルト神話が有名です。

「ケルト」ってなに？

お招きいただきありがとう。ケルト神話「ブリギッド三姉妹」の末の妹、鍛冶のブリギッドです。32ページでもご紹介いただきましたね。今日はケルト神話に連なる者の立場から、ケルト神話がいかなるものなのかをご紹介させていただきます（メガネくいっ）まずは「ケルトとは何なのか」から説明しましょう。ケルトというのは、かつてヨーロッパに栄えた民族の名前です。ケルト神話とは、彼らケルト人が残した神話のことなのですよ。

ケルト神話とはどこの神話か？

アイルランド島
ブリテン島
ウェールズ

島のケルト

大陸のケルト

地図上で塗りつぶされている場所が、紀元前1世紀頃にケルト人が住んでいた地域です。

ヨーロッパ大陸に住んでいたケルト人を「大陸のケルト」、ブリテン島やアイルランド島に住むケルト人を「島のケルト」と呼びます。

大陸のケルトは、ほかの民族や宗教との勢力争いに負け、神話がほとんど消滅してしまいました。島のケルトでは、アイルランド島全土や、ブリテン島の西部（ウェールズなど）でケルト文化が生き残り、同様にケルト神話も生き残ったのです。

> ヨーロッパ大陸で生まれたケルト人の神話は、アイルランド島やブリテン島で、独自の形に進化しました。現代風の言葉でいえば「ガラパゴス化」と呼ばれるものですね。

「大陸のケルト」の神話　代表的神格：雷神タラニス、馬の女神エポナ

大陸のケルト人の神話は、神の名前以外ほとんど残っていません。アイルランドやウェールズなどの神話だけが後世に残りました。

馬の女神エポナ

アイルランド島　　　　ブリテン島

ダーナ神話　代表的神格：太陽神ルー、戦神モリガン

アイルランド神話の最初の時代で、アイルランドに入植しようとする神族の争いを描いています。

戦神モリガン

アルスター神話　代表的人物：戦士クー・フーリン（ク・ホリン）、メイヴ女王

人間がアイルランド島から神を駆逐したあとの時代の物語。国家間の戦争が物語の中心になっています。

戦士クー・フーリン

フィアナ神話　代表的人物：騎士団長フィン・マックール、騎士ディルムッド・オディナ

主人公はフィンが率いるフィアナ騎士団。アルスター神話の約200年後が舞台で、騎士道精神と恋愛が物語の主題です。

騎士ディルムッド

歴史神話　代表的人物：アイルランドの歴代国王たち

フィアナ神話よりあとの時代におけるアイルランドの歴代の王の記録で、神話と歴史の中間的存在です。

歴代アイルランド王

ウェールズ神話　代表的人物：アルスル王、女神アリアンロッド

イギリス西部のウェールズで独自に発展した神話です。有名な『アーサー王伝説』の原型になりました。

アルスル
（アーサー王の前身）

> このほかにも、ブリテン島北部の「スコットランド」や、フランス北西部の「ブルターニュ地方」は、島のケルト人の末裔が住んでいる場所ですから、独自のケルト神話が残っているのですよ。

ダーナ神話

> アイルランド島の神話は、神々が島の支配権を争った「ダーナ神話」から始まります。じつは私も、この「ダーナ神話」に登場する神なのですよ？　残念ながら、神話での活躍は少ないですが。

ダーナ神話の「ダーナ」とは、神の一族「トゥアハ・デ・ダナーン」の略称です。

アイルランドのケルト神話は、当然ながらアイルランド島を舞台にした物語です。ダーナ神話のテーマは、この島に元々住んでいた「フォモール族」と、次々とやってくる移住者による、島の支配権をめぐる戦いなのです。ダーナ神話は4番目の移住者としてアイルランド島にあらわれ、神話のなかで主人公的な位置づけにあります。

トゥアハ・デ・ダナーンとフォモール族

ダーナ神話の主人公「トゥアハ・デ・ダナーン（ダーナ神族）」は、女神ダヌ（→p74）から生まれた神の一族です。金髪碧眼で背の高い美形種族でした。

主人公であるダーナ神族の最大のライバルが、フォモール族です。彼らはアイルランド島の先住民で、次々とやってくる移住者たちに抵抗し続けていました。ダーナ神族は、アイルランド島を支配するために、彼らに勝利する必要があるのです。

モイツラの戦い（モイ・トゥーラ／マグ・トゥレドの戦い）

「モイツラの戦い」とは、アイルランド島のモイツラという平原で行われた、ダーナ神族とほかの神による戦争です。

ダーナ神族は、モイツラでの戦いに勝つことで、ほかの種族を駆逐し、アイルランド島の支配権を確立させました。この戦いは、アイルランド島の歴史のターニングポイントとなった戦いなのです。

モイツラでは、2回、大きな戦いが行われました。1度目の戦いでは、ダーナ神族がライバルのフィルボルグ族を撃破して辺境に追いやり、2度目の戦いでは、新しい王を迎えたダーナ神族が先住民フォモール族を撃破しています。

モイツラの戦い　主要人物紹介

ヌァダ（ダーナ神族の王）
別名ヌアザ。モイツラの戦いの開始時にダーナ神族の王でしたが、負傷して王位を喪失。義手をつけたことから「銀腕（アガートラーム）」の異名を得ました。

ルー（ダーナ神族の新王）
フォモール族の王「バロール」と、ダーナ神族の医神「ディアン・ケヒト」を祖父に持つ太陽神。2度目の戦いのときに王に抜擢され、祖父バロールと戦います。

バロール（フォモールの王）
フォモールの王。相手を見るだけで殺すという強力な魔眼の持ち主です。

> モイツラでの2回の勝利のおかげで、私たちダーナ神族はアイルランド島の支配者になりました。ですが、ダーナ神族がアイルランド島の支配者だったのは、たったの200年弱だけなんです。

モイツラでの最初の戦いは、私たちの勝利で終わったのですが……ヌァダ王が片腕を失ったのが痛手でした。ダーナの掟では、五体満足でない者は王になれないんです。後継者はフォモール族との混血であるブレスに決まり、私は政略結婚で彼に嫁入りしたのですが……はあ。あんなにひどい男だとは思いませんでしたよ。あとで本物の腕を取り戻したヌァダ様が王位を取り戻すまで、さんざんな目に遭いましたとも。

第一次モイツラの戦い

「第一次」終了後の王位継承図

ヌァダ → **ブレス** → **ヌァダ** → **ルー**

- 片腕が義手になったヌァダが王位を失う
- 生身の腕を取り戻したヌァダがブレスを追放
- ヌァダ、若く有能なルーに王位を譲る

第二次モイツラの戦い

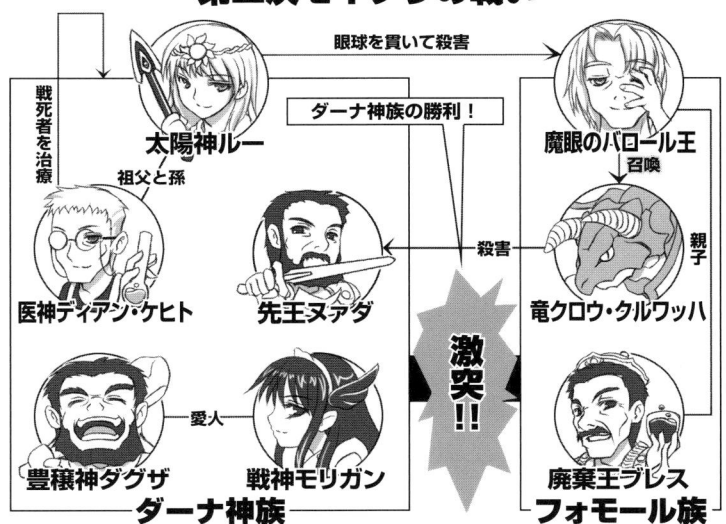

ダーナ神族の勝利！

ダーナ神族：
- 太陽神ルー（眼球を貫いて殺害 → 魔眼のバロール王）
- 医神ディアン・ケヒト（戦死者を治療、祖父と孫）
- 先王ヌァダ（殺害される）
- 豊穣神ダグザ
- 戦神モリガン（愛人）

フォモール族：
- 魔眼のバロール王（召喚）
- 竜クロウ・クルワッハ（親子）
- 廃棄王ブレス

激突!!

ブレスが率いるフォモールに敗れたあと、リベンジマッチはまたもモイツラが舞台になりました。戦いの序盤でヌァダ様が戦死してピンチになりましたが、新王のルー君がやってくれました。魔眼のバロールの眼を貫いて、ダーナに勝利を持ち帰ったのです！　我が父ダグザも愛人のモリガン様といっしょに出陣しましたが、無事に帰ってきてほっとしましたよ。

アルスター神話

> アルスター神話の舞台は、紀元前3世紀頃のアイルランドです。モイツラの戦いからは1200年ほどあとの話になりますね。解説は、アルスター神話で主役級の活躍をするおふたりにお願いしましょう。

　アルスター神話とは、紀元前3世紀頃のアイルランドを舞台に、アイルランドにあった4つの地方のひとつ「アルスター地方」で起きた、アルスター王国とコノート王国の大きな戦いと、その周辺事情を題材にした神話群です。
　アルスター神話の中心的な物語『クーリーの牛争い』で主役として活躍するのが、魔法の投げ槍「ゲイ・ボルグ」の使い手、クー・フーリン(ク・ホリン)です。彼はアルスター王国に仕える「赤枝の騎士団(レッド・ブランチ・チャンピオン)」に所属しており、アルスター神話にはほかにも「赤枝の騎士団」所属の戦士を主人公にした物語があります。

最強カップルが語る！ アルスター神話見どころ案内

> 紹介ありがとよ。アルスター王国「赤枝の騎士団」所属、クー・フーリンだ。アルスター神話について知りたいんだってな。ぶっちゃけアルスター神話ってのは、この偉大な戦士クー・フーリン様の物語だといっても過言じゃねえと思うぜ！（ドヤッ）

> クー君、また無意味にでっかい顔してるの？
> ああ、ワタシはモリガン。36ページや183ページでもちょっと紹介してもらった、ダーナ神族の戦争と死と愛の女神よ。いまは恋人のクー君を陰ながらサポートしてるわ。アルスター神話では、神はあくまで脇役で、おおっぴらに人間界で力を振るうことは少なくなっているの。

> 人間を主人公にして、その裏側で神々が活動しているのがアルスター神話のスタイルということですね。それではおふたりとも、ご自分の考える、アルスター神話の見どころを教えてください。

> まあ、なにはともあれ俺の強さを見てくれよ。投げ槍「ゲイ・ボルグ」を持った俺は、どんな戦士にも止められないのさ。コノート王国との戦いじゃ、俺たちアルスター王国の兵士から力が抜けちまうっていう大事件が起きて、ほとんど俺ひとりでコノート軍と戦って、アルスターを守りきったんだぜ。

> 勇ましいのはいいんだけれど、もうすこし頭を使って欲しいわね。ワタシから紹介する見どころは、ケルト神話の独特の概念「誓約(ゲッシュ)」よ。
> ケルト神話の戦士がたてる誓い「ゲッシュ」は、誓いを破ると直接的な肉体ダメージを受けるっていうとんでもないものなの。彼の場合は「犬を食べない」っていうゲッシュをやぶったせいで、身体の半分が動かなくなってたわね。
> クー君ってばあとのことを考えずにぽんぽんとゲッシュをたてるから、その隙を敵につけ込まれちゃったのよ。ほんとバカねえ。

> わーるかったよ！　でもあれはハメ技だし、どうしようもないだろ！
> この俺、クー・フーリンがどんな卑怯な手でやられたのかは、ぜひアルスター神話の物語で読んでみてくれよな。

フィアナ神話

> フィアナ神話は、アルスター神話より200年ほどたった時代を舞台とした神話群です。この神話の紹介は、ケルト神話屈指の色男、ディルムッド・オディナさんにお願いするといたしましょう（メガネくいっ）

> 色男ってのは勘弁してくださいよ。これでも気にしてるんですよ？ フィアナ騎士団所属、騎士ディルムッド・オディナ。得意技は剣と短槍の二刀流です。色男なんて呼ばれてしまうのは、自分は顔に魔法のほくろがありましてね。これを女性に見られると一目惚れされてしまうんですよ。いま騎士団のフィン団長が求婚していた女性に、ほくろを見られてしまって、まずいことになってるんです。

> それは大変ですね……平穏無事におさまることをお祈りします。いま「フィアナ騎士団」という名前が出ましたが、アルスター神話にも「赤枝の騎士団」という騎士団がありましたよね。

> 聞いたことがありますよ、フィアナ騎士団の偉大な先達としてね。ただアルスター神話の騎士というのは、全体的に「力こそすべて」な雰囲気がありますよね。フィアナ神話ではもっと中世の騎士っぽく、教養や礼儀などが重視される傾向にあります。神話の内容も、激しい戦闘よりは、知恵比べや恋物語といった穏やかなものが多い傾向がありますよ。

アーサー王伝説とウェールズ神話

聖剣エクスカリバーで有名なイギリスの英雄「アーサー王」は、180ページで紹介した「島のケルト」系民族のひとつ、ブリトン人の王だと設定されています。そしてアーサー王の伝説は、ケルト人の神話から生まれたものなのです。

アーサー王伝説の元になったケルト神話とは、アイルランド島のケルト神話ではなく、ブリテン島西部の「ウェールズ地方（180ページの地図参照）」に伝わっていた「ウェールズ神話」だといいます。

ウェールズ神話の原典『マビノギオン』

現在、ウェールズ神話の原典となっているのは、『マビノギオン』という一冊の本です。

これは、どちらも今から約600年前、14世紀頃に書かれたとされる2冊の文献『ルゼルフの白い本』と『ヘルゲストの赤い本』に収録されていたウェールズの神話をひとつにまとめたものです。原本2冊は中世ウェールズ語で書かれていますが、これをイギリス人の女流翻訳家シャーロット・ゲストが英語に翻訳し、『マビノギオン』のタイトルで出版したことから有名になりました。

『マビノギオン』に登場する「アルスル」という皇帝は、カレトブルッフという剣を所有する剣士で、アーサー王の原型のひとつとして研究の対象になっています。

インド神話

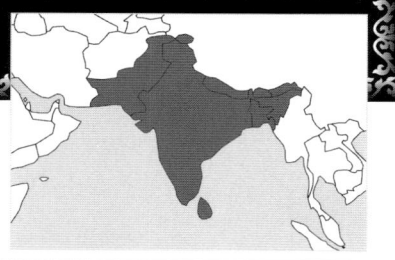

インド神話は、世界四大文明「インダス文明」発祥の地、インドで古くから伝えられてきた神話です。ヒンドゥー神話という名前で呼ばれることもあります。

> インド神話は3つの時代ごとに内容が違うんだけど、いまインド神話っていえば、一番新しい「叙事詩・プラーナ神話」のことだから、まずは叙事詩・プラーナ神話の内容から見ていこうかっ！

インド神話の最高神は3柱いる！

プラーナ神話では、インドの最高神は3柱いることになっています。それが創造神ブラフマー、維持神ヴィシュヌ、破壊神シヴァの3柱の神です。

プラーナ神話の世界は、創造神ブラフマーによって創られたあと、維持神ヴィシュヌに管理され、時がくると破壊神シヴァによって壊されます。こうしてインド神話の世界は何度も作り直されているのです。

インド神話の最高神の役割

> ブラフマーさんが朝起きると世界が創造され、寝ると世界が破壊されるというのが、インド神話の「世界の創造と破壊」のサイクルです。

創造 → ブラフマー → 破壊 → シヴァ → 維持 → ヴィシュヌ → 創造

> ちなみに、ブラフマーさんが朝起きてから寝るまでの時間を「カルパ」っていうんだよ。1カルパは、なんと43億2000万年もあるんだって！

そもそも叙事詩・プラーナ神話とは？

「叙事詩・プラーナ神話」とは、インド神話の比較的新しい時代に作られた神話につけられた名前です。

インドの英雄物語（叙事詩）と、「プラーナ文献」という書物群をあわせた総称なので、この名前がつきました。

叙事詩とは？

神話を題材にした英雄物語のことです。なかでもヴィシュヌ神の転生体ラーマが主人公の『ラーマーヤナ』、同じヴィシュヌ神の転生体クリシュナや、雷神インドラの息子アルジュナが活躍する『マハーバーラタ』が、特に有名な英雄物語です。

「叙事詩・プラーナ神話」でひとつの用語ですから、注意してくださいね〜。それと「叙事詩・プラーナ神話」以外の時代のインド神話は、次のページで紹介しますよ〜。

プラーナとは？

プラーナとは、英雄物語『マハーバーラタ』の作者だとされる架空の仙人「ヴィヤーサ」の著作という設定で書かれた、神話や宗教の文献群の総称です。ちなみにプラーナとは「プラーナム・アキヤーナム」の略で、古き物語という意味があります。

死の商人メティスの最終兵器(リーサルウェポン)ショッピング①

いらっしゃいませ〜♪　強いつよ〜い武器はいりませんか〜？ つよ〜い敵に囲まれて、絶体絶命のそこのあなた、一発逆転の超兵器が欲しかったら、インド神話印の武器ががおすすめですよ〜？

おっ、そこの子ワルキューレだね？　どう？　メティス屋の武器で一発どかんとやって、戦士の魂大量ゲットしない？

な、なんだかいつもとノリが違うけど、……それで武器ってどんなのがあるの？ いい槍があったら見せてほしいな。

槍は置いてないですねぇ、かわりに弓矢はどうですか？　うちのとっておき「インドラの矢」を出しちゃいますよ〜？

これはすごいよ！　インドの英雄物語『ラーマーヤナ』で、敵の軍勢数千を地形ごと一撃粉砕！　大爆発と高熱でモヘンジョ・ダロ遺跡の地面をガラス化させた類似品「アグネアの矢」もオススメ！

どう見ても**核兵器**じゃなーい！

叙事詩・プラーナ神話はどのように生まれたか？

インダス文明誕生

約3000年前に最初の神話文献『ヴェーダ』が書かれて以来、インドの神話はじわじわと内容を変えていき、そのたびに新しい神話にもとづく本が書かれました。「叙事詩・プラーナ神話」が生まれる前には、以下のような神話が存在していました。

約4600年前／前26世紀

約3600年前／前16世紀

バラモン教の時代

ヴェーダ神話 紀元前16世紀〜前5世紀まで

インド最古の宗教文献『ヴェーダ』に書かれた神話群です。紀元前16世紀頃に誕生した原型を発展させ、紀元前10世紀頃にひとつの形にまとめられたのが『ヴェーダ』です。

この時代の神話には、雷神インドラや火神アグニなど、自然現象に人格を与えたような神が多いのが特徴です。プラーナの主神のひとりヴィシュヌはまだまだマイナーな神で、破壊神シヴァは、このころは暴風神ルドラという悪の神でした。

約2400年前／前4世紀

ブラーフマナ・ウパニシャッド神話 紀元前9世紀〜2世紀まで

ヴェーダの時代のあとに主流になった神話体系で、「ブラーフマナ文献」や「ウパニシャッド文献」と呼ばれる宗教書に書かれています。

この時代の神話では、宇宙とはなんなのか、世界はどんな原理で動いているのかという、哲学的、概念的な神が幅をきかせています。世界の仕組みを「ブラフマン」という原理であらわすようになり、これが発展してプラーナの主神のひとりブラフマーになりました。

約1600年前／4世紀

ヒンドゥー教の時代

叙事詩・プラーナ神話 紀元前2世紀〜14世紀まで

187ページでも紹介した、英雄物語と「プラーナ文献」を中心にした神話群です。この時代の神話では、ブラフマーのような概念的、哲学的な神が人気を失い、「人間の生活に直接的な利益を与える」神がもてはやされるようになります。世界に繁栄をもたらすヴィシュヌが人気になったほか、暴風神ルドラはシヴァに変わって、信者であれば誰にでも利益をもたらす神として広く信仰されました。一方、創造神ブラフマーは「御利益がわかりにくい」ことから人気を失いました。

約600年前／14世紀

現在

> インド神話の内容は時代ごとに違うけど、ある日突然「ガラッ」と変わったわけじゃなく、時間経過でじわじわと変わっていったんだ。神様も、時代ごとに重要度は変わるけど、いきなりいなくなったりはしないよ。

インド神話を育てた宗教

左のページでは、インドの神話が書かれている文献として『ヴェーダ』『ブラーフマナ文献』『ウパニシャッド文献』『プラーナ文献』などを紹介しました。じつはこれは、インドに古くから存在していたふたつの宗教「バラモン教」「ヒンドゥー教」の聖典として書かれた書物なのです。

バラモン教とヒンドゥー教

バラモン教

インドの文明誕生以来発展してきた古代宗教で、バラモン教という名前は後世つけられたものです。インドでは、古くから身分を細かくわける階級社会が作られていて、宗教の具体的な儀式などは司祭階級「バラモン」にゆだねられていました。そのため、西洋人はこの時代のインド宗教のことを「バラモン教」と名づけたのです。

ヒンドゥー教

バラモン教の信仰に民間信仰を取り入れ、より民衆向けに変化させた宗教です。ヒンドゥー教は、2～3世紀ごろにインドでおこった新興宗教「仏教」や「ジャイナ教」に押されたバラモン教が、信者獲得競争に勝つために変化した宗教です。この競争はヒンドゥー教の勝利となり、現在ではインド国民の8割がヒンドゥー教徒です。

死の商人メティスの最終兵器(リーサルウェポン)ショッピング②

- なんてものを売りつけるのよ！ 大量破壊兵器は却下却下！ 毒ガスとか病原菌とかもだめだからね！

- ああ、それじゃ売れるものがどんどん少なくなってしまいます～。何なら売っていいでしょうかね～？

- そうねえ……じゃあ乗り物とかどう？ 殺す殺すじゃ人生にうるおいがないわ、もっと優雅に行きましょうよ。

- じゃあ優雅に空中散歩ってことで、空中戦車「ヴィマーナ」はどうかな？ ボートサイズから要塞サイズまでいろいろあるけど、まずはエントリーモデルの二人乗りからオススメするよ。

- これの性能はすごいんですよ～？ 水銀エンジン搭載で、思考と同じ速さで移動できるんです。現代のステルス戦闘機だって目じゃないですね～。しかも搭載武装は究極破壊兵器「アグネアの矢」だから……

- あっ！ 馬鹿、それは内緒だって言ったじゃん！
  し、しーっ!!

インド神話の神族と種族

インドの神話に登場する神の種族と、異種族いろいろを徹底紹介！ちなみにインド神話の種族は、仏教といっしょに中国に渡って漢字の名前をGETしてるから、それも一緒に紹介ね！

神族

デーヴァ神族
中国名：天（てん）
居住地：天上界デーヴァローカ

　ブラフマー、ヴィシュヌ、シヴァに代表される、神の一族。よく「ディーヴァ」と表記されるがこれは間違いで、「デーヴァ」が正しい。人間に恵みを与える善の神である。

アスラ神族
中国名：阿修羅（あしゅら）
居住地：スメール山の洞窟 or 海底

　おもに悪役として登場する神の種族。デーヴァ神族と敵対していいるが、どちらも決定的な勝利を得ることができない。どちらかの神族が相手を滅ぼせば、勝ったほうの神族が増えすぎて世界が破滅してしまうからだ。
　ヴェーダ神話の時代には、ヴァルナという天空神に率いられ、信仰の対象になっていたが、時代の流れとともに悪の神へと変わっていき、叙事詩・プラーナ神話の時代には「デーヴァ神族に敵対する存在」をすべてまとめてアスラと呼ぶようになった。

ナーガ
中国名：龍王（りゅうおう）
居住地：地下世界パーターラ

　人間の上半身とコブラ蛇の下半身を持つ種族。ナーガのなかで特に力の強い者は「ナーガラジャ」と呼ばれる。
　ナーガ族の大半は悪の存在だが、多頭のナーガラジャ「ヴァースキ」や「アナンタ」などの一部は、神として崇拝されている。

神以外の種族

ヤクシャ族
中国名：夜叉（やしゃ）
居住地：森

　南アジアの森に住んでいる、精霊のような種族。男性はヤクシャ、女性はヤクシニーと呼ばれる。男性は手足が短く太鼓腹で、女性はグラマラスで美しい。
　物語に登場するヤクシャは人間に敵対的で、人間を食らうことがある、アスラによく似た存在だ。だが一方でヤクシャたちは、作物の豊穣などの恩恵を授けることもある。

ラークシャサ族
中国名：羅刹（らせつ）
居住地：－

　"ラクシャーサ"という読みがよく知られているが、正しくはラークシャサという。
　ラークシャサは変身能力を持つ悪の種族で、性格は好色かつ凶暴。神と敵対するアスラとは違って、人間を直接攻撃してくる。よく使われる「悪鬼羅刹」という言い回しは、このラークシャサのことだ。
　有名なラークシャサ族には、インド神話の物語『ラーマーヤナ』で、主人公ラーマ王子の敵として立ちふさがる、10頭20腕の王ラーヴァナなどがいる。
　彼らラークシャサは、インダス文明を作ったインドの先住民族が、北西からやってきた「アーリア人」という種族に敗れてインドから追い出されたあと、神話のなかで悪鬼として表現された存在だという説がある。

ヴァナラ
中国名：−
居住地：洞窟都市キシュキンダー

猿のような外見の小柄な種族で、現在の南インドにあたるキシュキンダー地方の洞窟に巨大な都市をつくって生活している。

性格は勇敢で好奇心が強く、冒険心にあふれている。英雄物語『ラーマーヤナ』では、ヴァナラ族のひとり「ハヌマーン」が、主人公ラーマ王子のお供として冒険の旅に出て大活躍している。

ガルダ（ガルーダ）
中国名：迦楼羅（かるら）
居住地：−

ヴィシュヌ神の使いとして、悪の存在を喰らう鳥類の王。特にナーガ族の天敵であり、仏教ではこの設定を引き継いで、ナーガが仏教に入信するのはガルーダに食われるのが嫌だからだという神話が作られたほどだ。

ガルダは赤い翼と黄色い身体を持つほか、人間のような四肢に鳥のパーツをつけた半人半鳥の姿であらわれることもある。またガルダはヴィシュヌの乗り物であり、ヴィシュヌがイメージするだけで、ガルダはどこからともなくあらわれ、ヴィシュヌを乗せて飛ぶ役目をはたすのだという。

キンナラ
中国名：緊那羅（キンナラ）
居住地：カイラス山（チベット）

音楽を得意とする半獣半人の種族。男性のキンナラは下半身が馬、上半身が人間というギリシャのケンタウロスのような外見で、キンナラの女性版である「キンナリー」は、人間の天女、あるいは下半身が鳥で上半身が人という姿をとる。

インドの北にあるチベットの霊山「カイラス山」には財宝神クベーラの天界があり、キンナラはそこで演奏家として働いている。

死の商人メティスの最終兵器ショッピング③

核はダメ、機械もダメならこれはどうですかっ!?　技術の神トゥアシュトリ様ご謹製『生命の設計図』です〜!

設計図どおりに「生命のもと」を育てれば、インド神話最強のドラゴン「ヴリトラ」ができあがり、ってやつだね。

おー、なんか楽しそうじゃない!　なんか"シー●ンキー"とか"ディアゴスティー●"みたいな感じでいいわね!

それではさっそく作ってみましょうか〜。（ぺらり）あら、説明書が読めないですね、これはインドの「サンスクリット語」でしょうかねぇ。アマテラスさん、たしか読めましたよね〜?

はいはいおまかせ〜。えーっと（ぺらり）「漆黒の肌に白い牙を持ち、あらゆる神を上回る強さに育ちます。ただし完成後は大地が割れ、世界中で雨が降らなくなりますので取り扱いには十分注意……」

やっぱりダメダメじゃないのー!!

日本神話

日本神話とは、われわれ日本人が語り継いできた神話のことです。ここでは日本神話のうち、北海道や沖縄に伝わる独自の神話をのぞいた、天皇家中心の神話を紹介します。

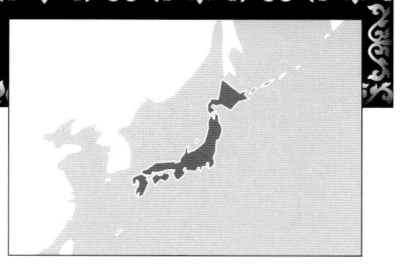

> 日本の神話って、いろんな書物があってわかりにくいよ～

> とりあえず大事なのは、『古事記』と『日本書紀』だよ！

　日本神話を語るうえでもっとも大事な資料は、日本最古の歴史書である、8世紀初頭の文献『古事記』と『日本書紀』です。
『古事記』と『日本書紀』には、ほぼ同じ内容の神話が、別々の視点からまとめられているため、両者に書かれた神話をあわせて「記紀神話」と呼ぶことがあります。『古事記』と『日本書紀』の神話は、物語の大筋は同じですが、細かい事実関係、神の名前の漢字表記などに多くの違いがあります。

『古事記』

　日本最古の歴史書です。「世の中に出回っている歴史や神話の間違いを正すため、正しい神話と歴史をまとめなおす」いう目的で、西暦712年頃に完成しました。
　上中下の3巻構成で、上巻には世界の誕生から天皇家の誕生までの神話が、中下巻には初代天皇から33代推古天皇（628年没）までの歴史が書かれています。

『日本書紀』

　『古事記』と同時期の歴史書で、正式な国の命令で作られた「正史」です。全30巻のうち最初の2巻が、天皇家誕生までの神話時代を紹介する内容です。
　一本の連続した物語である『古事記』と違い、『日本書紀』では、神話に複数の解釈がある場合、並列に表記し、どれが正しいと断言しない形式をとります。

地方の歴史書『風土記』

『古事記』『日本書紀』が編集された7世紀頃、日本は70弱の地方（国）に分割されていました。『風土記』とは、朝廷の命令で、この「国」ごとに編集された、各国の歴史、神話、地理、文化などをまとめた資料です。ただし風土記は5カ国分しか現存していません。もっとも完全な形で残っているのは、日本の神話上非常に重要な神社「出雲大社」のある出雲国（現在の島根県東部）の『出雲国風土記』です。『古事記』や『日本書紀』のような政府の中央で編集された神話とは違う、出雲ならではの神話が紹介されています。

日本の神話って、どんな神様が出てくるのかしら？

人数が多すぎるから、お姉さんの家族だけ紹介するね（汗）

イザナギ 伊邪那岐命（いざなぎのみこと）

日本神話ファミリーのパパさんだよ！ イザナミママといっしょに、海をかきまぜて日本列島をつくった「国産み」の神話が有名みたい。私ことアマテラスは、パパさんが川で顔を洗ったときに左目から生まれたんだよ。

イザナミ 伊邪那美命（いざなみのみこと）

イザナミパパの奥さん！　私とは血がつながってないから、義理のママだね。日本列島を作ったあとに神様をたくさん産んだけど、火の神様を産んだときにやけどで死んじゃったんだ……こんどお墓参りに行かなきゃね。

ツクヨミ 月読命（つくよみのみこと）

パパが川で顔洗ったとき一緒に生まれた、お姉さんの弟だよ。パパは私とツクヨミとスサノオを「三貴子」なんて呼んでかわいがってくれるんだ。ツクヨミは統治を任された「夜の世界」から出てこないんで、最近会ってないなあ。

スサノオ 須佐之男命（すさのおのみこと）

ツクヨミと一緒でお姉さんの弟。海の支配者なんだけど……悪ガキにもほどがあるよ、このバカ！　神聖な高天原にウンチばらまくとか意味ワカンナイ。パパと二度と高天原に入れてやんないって決めてるんだ、勘当だよ、カンドー！

タケミカヅチ 建御雷神（たけみかづちのかみ）

お姉さんの部下のなかで、一番でっかい手柄をたてたのが、雷神タケミカヅチ君！ ほかの神たちが失敗しまくった「日本列島お姉さんによこせ交渉」を見事成功させたんだよ。やりくちがヤクザっぽいのは、まあご愛敬ってことで。

オモイカネ 思金神（おもいかねのかみ）

すっごい昔から高天原にいる神様だね。とにかく頭がいいから、お姉さんもよくアドバイスをもらったりするよ。そういえば私が天岩戸にひきこもったときも、カネちゃんの作戦にだまされて、外に引っ張り出されたんだっけ。

ニニギ 邇邇芸命（ににぎのみこと）

ほんとの本名は漢字20文字もあって長いから省略っ！　お姉さんの孫で、タケミカ君が支配権をGETしてくれた地上に移住してもらったんだ。この子の孫が初代天皇「神武天皇」になったの。お婆ちゃん鼻が高いよっ！

オオクニヌシ 大国主命（おおくにぬしのみこと）

うーん、家族じゃないんだけど、彼は紹介しきゃダメだよね。タケミカ君が交渉を始めるまで、日本列島を支配していたのはこのオオクニヌシ君たちだったんだ。いまは出雲大社ってとこでのんびり過ごしてもらってるよ。

はーいみんなー？　この「日本神話」のコーナーで紹介してる神の名前や神話の内容は、基本的に『古事記』を基準にしてるよ。『日本書紀』では名前や物語の内容が違ったりするんで、注意しておいてね〜！

5分でわかる！日本神話ダイジェスト

> 日本の神話って、お話ごとに主人公が違うし、短いお話がたくさんあるでしょ？　いろいろ読んでると、なにがなんだかわかんなくなっちゃいそうで怖いなあ。

> そんなことないよ！　むしろ日本の神話は、時間の流れがハッキリしてるから、全体の流れを知ってれば問題なし！　そんなわけで、日本神話全体の流れがひと目でわかっちゃうページを用意したよ！

天地開闢（かいびゃく）
天と地がわかれてから合計15柱の神が次々と生まれ、最後に伊邪那岐と伊邪那美という夫婦神が生まれるまでの神話です。

天照大神の岩戸隠れ
弟の須佐之男の乱暴行為に心を痛めた天照大神が洞窟に引きこもり、世界が暗くなってしまう物語です。

開闢神話（かいびゃく）
日本神話には、われわれが住む地上世界「葦原中国（あしはらのなかつくに）」を始めとする複数の世界と、多くの神が登場します。これらの世界や神がどのように作られたのかを説明するのが「開闢神話」です。

高天原神話（たかまのはら）
日本神話の最高神である天照大神が統治する、神々が住む世界「高天原」を舞台とした物語です。
天照大神と、その弟である須佐之男の対立がおもなテーマになっています。

出雲神話（いずも）
「葦原中国」を舞台とする物語です。須佐之男が、葦原中国で子孫をつくり、彼らが「出雲国（いずものくに）」を中心に栄えさせた国が、天照大神の子孫に引き継がれるまでが描かれます。

国産み、神産み
伊邪那岐と伊邪那美が海をかきまぜて日本列島を作り、その後に夫婦として交わって、複数の神を産みます。

黄泉比良坂（よもつひらさか）
出産の失敗で死んでしまった伊邪那美をよみがえらせるため、伊邪那岐が死者の国「黄泉」へ行く物語です。この物語の最後に、天照大神らが生まれています。

ヤマタノオロチ退治
高天原から追放された須佐之男が、葦原中国に降り立ち、8本の首を持つ怪物ヤマタノオロチを退治する物語です（→p118）。

因幡の白兎（いなば・しろうさぎ）
だましたサメから仕返しとして皮をはぎ取られた白兎を、大国主が助けてやります。先代の神々は、優しさを見せた大国主に、葦原中国を任せることにしました。

> 日本の神話は、実際の天皇家の歴史につながっているのが特徴です～。実際のアイルランド王の歴史につながっているケルトの神話と似てますね～?

「国譲り」の神話

葦原中国は、須佐之男の子孫である大国主が統治していましたが、天照大神は「私の子孫が葦原中国を統治するべきだ」と考え、葦原中国の支配権を手に入れるための使者を送り込みます。最初に送り込んだふたりの使者は失敗しますが、3人目の使者である建御雷が、武力を背景にして交渉に成功します。

かわりに大国主命たちは、出雲国に新しく建てられた「出雲大社」に住むことになりました。

天孫降臨

天照大神の孫である邇邇芸が、葦原中国に送り込まれたあとの物語です。神の子孫である天皇の寿命が、普通の人間と変わらない理由が説明されています。

神武東征

邇邇芸のひ孫にあたる「神倭伊波礼比古」が、近畿地方を目指して進軍し、抵抗する地方豪族をしたがえていく物語です。近畿地方にたどり着いた彼は「神武天皇」と名乗り、初代の天皇になったと伝えられています。

日向神話

天照大神の孫である邇邇芸が、高天原から日向国(現在の宮崎県)に降臨し、その子孫が繁栄していく様子を描く神話です。現在の天皇家についての重要な神話が含まれています。

人代神話

のちに初代天皇となる「神武天皇」以降の神話です。神武天皇が日本統治を達成した「神武東征」の物語を皮切りに、歴代天皇やその周辺で活躍した人物の物語が語られていきます。

8世紀の日本へ

海幸彦、山幸彦

邇邇芸の息子である、海幸彦と山幸彦が対立し、山幸彦が勝利する物語です。『海幸彦山幸彦』の題名で童話にもなっているので、知っている人も多いでしょう。

日本武尊

12代目の天皇である景行天皇の時代を舞台に、「日本武尊」という英雄が活躍する神話です。朝廷の支配が日本全土におよぶ様子が伝説として描かれています。

> どうかな? みんなが知ってる日本神話のお話が、だいたいどの時期の物語なのかがぼんやりとわかったんじゃない?
> これがわかれば日本の神話は格段に楽しみやすくなるよ!

天津神と国津神

日本の神話では、神々は「天津神」「国津神」「そのほかの神」の3種類に分けることができます。では、天津神と国津神とはなんなのでしょうか？ それを知る前に、まずは日本神話の世界がどんな構造なのかを説明します。

日本神話の世界構造

194ページで説明した「開闢神話」と「国産み」の神話で、日本神話の宇宙には、3つの主要な世界が作られました。それが右の図にある、高天原、葦原中国、黄泉です。

葦原中国とは、われわれが住む日本列島のことです。高天原は空の上にある、神々が住む世界。黄泉とは地下にある死者の国で、出雲国（現在の島根県東部）に入り口があるといいます。

日本神話の世界構造
高天原
葦原中国
黄泉

天津神と国津神とはなんなのか？

天津神と国津神とは、日本神話に登場する神の種類です。おおざっぱに分けると、高天原に住む神を「天津神」、葦原中国に住む神を「国津神」と呼ぶ傾向が多いですが、その定義は厳密には決められていません。そもそも『古事記』と『日本書紀』には、天津神と国津神とは何なのかという説明が書かれていないのです。

江戸時代の学者「本居宣長」は、天津神は「天にいる神と、天から降りた神」、国津神は「国土にいる神」だと定義づけていて、これが現代でも通説です。ただしこの定義だと、高天原を追放された須佐之男や、高天原から葦原中国へ降りた神の子孫などが、天津神なのか国津神なのかがはっきりしません。

神社新報社の《日本神名事典》では、この疑問について、国津神とは須佐之男が葦原中国に降りてから、神武天皇が即位するまでのあいだに出現し、実在した土着勢力だという、本居宣長とは少し違った定義付けを行っています。

なぜ神々を天津神と国津神に分類したのか？

そもそも天津神と国津神っていう分類は、神話のために作られたものじゃないんだな。朝廷が認める神のうち、天皇家と関係の深い神が「天津神」で、地方豪族が信仰している神が「国津神」と呼ばれたんだ。だから神話のなかでは、天津神のほうが強くて偉いってことになってるんだよね。

日本の女神小事典

ねえアマテラス先生、193ページでは先生の家族たちを紹介してもらったけど、家族以外だとどんな神様がいるわけ？

うえっ!? 家族以外？ うーん、日本の神話って神様の人数だけなら世界でも有数だから、どんな神って言われると困っちゃうなあ。よし、それじゃ日本神話の女神だけにしぼって、おもしろいコたちを紹介しちゃおう！

日本にはどんな女神さまがいるんでしょうか～？
楽しみですねぇ～。

天宇受賣 (あめのうずめのみこと)
天津神

天照大神が洞窟の中に隠れてしまった『岩戸隠れ（→p194）』の物語で、天照大神に洞窟の外に興味を持たせ、彼女を洞窟から引っ張り出す原動力になった女神である。

天照大神が隠れた洞窟の前で、彼女はうつぶせにした桶の上に乗ると、上半身裸になり、服のひもを股に食い込ませながらエロティックな踊りを披露した。このコミカルな踊りに神々が大笑いすると、何が起きたのかと気になった天照大神は、洞窟のフタにしていた岩の扉をあけてしまい、力自慢の神「天手力男」に引きずり出されてしまった。

石長比売 (いわながひめ)
国津神

此花咲耶（→p120）の双子の姉。「天孫降臨」（→p195）によって地上に降りてきた邇邇芸の嫁として邇邇芸のところに送られたが、此花咲耶と違って、彼女は容姿が美しくなかったため、結婚は成立せず、ひとり父親のところに送り返されてしまった。

じつは石長比売は、岩のように変わらない、すなわち"不老不死"を意味する女神だった。そのため、彼女との結婚を拒否した邇邇芸の子孫、すなわち天皇の一族の寿命は、人間と変わらなくなってしまった。

大宜都比売神 (おおげつひめのかみ)
国津神

『古事記』に登場する穀物の女神。高天原から追放されて飢えている須佐之男に食べ物を与えたが、その食べ物が「鼻や口、尻から取り出した」ものであったため、汚いものを食べさせたと須佐之男の怒りを買い、斬り殺されてしまった。

大宜都比売の死体からは、米、麦、豆などの穀物や、絹糸を吐いて繭を作る「カイコ」が生まれ、人間に利用されたという。

『日本書紀』にもよく似た物語があるが、こちらでは食べ物を出した神の名前が保食といい、斬り殺したのは須佐之男ではなく彼の兄弟の月読となっている。

菊理媛神 (くくりひめのかみ)
その他

石川県白山市に本山を置き、全国に展開している有名な神社「白山神社」は、この菊理媛をまつる神社だ。しかしこのようにメジャーな神社に祭られる神であるにもかかわらず、菊理媛は『古事記』には登場せず、『日本書紀』にもわずか1行しか登場しない。

菊理媛の『日本書紀』での出番は、伊邪那岐が地下世界「黄泉」から、妻の伊邪那美を連れ出そうとする物語だ（194ページの左下参照）。この物語で、帰る、帰らないとい

う言い争いを始めた夫婦に対して、菊理媛が伊邪那岐に対してなにかを言うと、それを聞いた伊邪那岐は彼女をほめて、伊奘諾美を置いて葦原中国に帰ったという。

このとき菊理媛がなんと言ったかは神話には書かれていないが、彼女が両者の仲をとりもったことから、菊理媛は縁結びの女神として信仰されている。

須勢理毘売命
国津神

須佐之男の娘で、国津神の代表である大国主の妻になった女神。父親の須佐之男と一緒に「根の国」という異界に住んでいたが、兄弟の神に追われて葦原中国から逃げてきた大国主（このころはまだ大穴牟遅と呼ばれていた）に一目惚れしてしまう。

彼女は大国主を父の須佐之男に紹介するが、須佐之男が彼を歓迎しなかったため、葦原中国まで大国主と駆け落ちして、そのまま正妻の座に納まったという。

神話では非常に嫉妬深い女神として描かれており、大国主の先妻である八上比売が、須勢理毘売を恐れて逃げ出したり、別の妻をもらいにいった大国主に嫉妬をぶつけて、大国主が逃げ出しそうになったなどの逸話で知られている。

玉依毘売命
国津神

豊玉毘売命（下参照）の妹で、豊玉毘売が去った後に、かわりの乳母として鵜草葺不合を育てた。のちに彼女自身も山幸彦と結婚し、4人の子供をもうけている。

豊玉毘売命
国津神

初代天皇「神武天皇」の祖父にあたる、山幸彦こと「火遠理」と結婚した女神。海神の娘であり、一般的には龍またはワニ（サメのこと）の姿をした女神だとされる。

『海幸彦山幸彦』の神話において、なくした釣り針を探すために海底にやってきた火遠理命をもてなし、そのまま彼の妻になった。彼女は出産のときは人間の姿から龍（サメ）の姿に戻らなければいけないので、出産小屋のなかをのぞかないよう火遠理に命じていたのだが、火遠理は約束を破って小屋の中をのぞいたため、正体を見られたことを恥じた彼女は海底に逃げ、二度と火遠理の前に姿をあらわさなかったという。

宗像三女神
天津神

天照大神の『岩戸隠れ』の原因となった、須佐之男の高天原行きの物語で、須佐之男と天照大神が、よこしまな心がないことを証明するため、おたがいの持ち物を噛み砕いて神を産むことにした。宗像三女神とは、天照大神が噛み砕いた須佐之男の剣から生まれた女神で、多紀理毘売、市寸島比売、多岐都比売の3柱である。

特に市寸島比売は、日本の神々が仏教の神と一体化する「神仏習合」で、弁才天（→p122）と合体した神でもある。

元々は九州と朝鮮半島のあいだの海「玄界灘」の神で、中国文化の中継地点である朝鮮半島との海路をつなぐ神であるため、朝廷に非常に重視されていたという。

紹介できた女神は全体のなかでもちょびっとだけど、そのぶん面白い子たちをご紹介できたんじゃないかな。

面白いっていうかイロモノだった気もするけどね。食べ物を口から吐き出すとか……

さらにくわしく知りたい人や、ほかの女神を知りたい人は、日本神話についての本をたくさん読んでみてね！

イラストレーター紹介

きょうは「萌える！ 女神事典」のためにイラストを描いてくれた、
48人のイラストレーターのみんなを紹介するわ！
素敵な女神様を、ありがとーっ!!

粗茶（そちゃ）
● 扉カット

色々な女神を調べる事も含めて楽しませて頂きました。ありがとうございました！

碧風羽（みどりふう）
Last Orchesta
● フレイヤ（p16）

フレイヤを描かせて頂きました、碧風羽です。ファンタジーやSFのイラストを中心に活動させて頂いております。ルーン文字はハガルとシゲルが好きです。

http://www.geocities.jp/foomidori

望月朔（もちづきさくや）
ATELIER・LUNA
● サーガ（p21）

こんにちは、望月朔と申します。今回サーガを担当させていただきました！ 背景で悩みましたが、楽しく描く事ができました。色塗りがもっと上手になれなくて試行錯誤の日々です。少しでも気に入っていただけたら幸いです。

http://saku-m.cocolog-nifty.com/

ねこむ。
ねこむ。のブログ
● シギン（p23）

はじめまして、ねこむ。です。女神といえば華やかなイメージですが、担当した人物はそれとは違った描くでしてので苦労しました。シギンの雰囲気が少しでも出ていると感じとっていただけたら幸いです。

http://nekomumaru2.blog.fc2.com/

了藤誠仁（さとふじまさと）
mstl-60997
● フリッグ（p25）

どもー、了藤です。フリッグさん描かせて頂きました。人妻です。割と若っぽい部分もある人妻だと思って描きました。

http://masapokotarou.blog.fc2.com/

柏餅よもぎ（かしわもち）
よもぎがそまβ:
● ボアーン（p31）
● デメテル＆ペルセポネ（p41）

ボアーンとデメテル親子を担当しました、柏餅よもぎです。ボアーンは語感と「牛」という意味の名前からあんな服装になりました。

http://yomogi.neko.ne.jp/

るご
1/√8
● ヘラ（p39）

文献を見てヘラの鬼嫁っぷりに震えまして、私だけを見て！という感じを受け取って頂けたらなぁと思ってます(^^)

http://endresswlts.web.fc2.com/

湖湘七巳（こしょうしちみと）
極楽浄土彼岸へ遙こそ
● ニケ＆ネメシス（p59）
● モノクロカット

この度は、北欧神話相関図など素敵な題材を描かせていただき、とても楽しかったです。学生時代に読んだニーベルングの指環もまた読み返したいなという気分になりました。

http://homepage3.nifty.com/shichimi/

黒葉.K（くろば）

●イシス(p63)

今回担当させて頂いたイシスは某ゲームで知った大好きな女神様で担当させて頂けて大変嬉しいです。エジプト神話も未体験のテーマで楽しく描かせて頂きました。

CloverS

http://clovers.noor.jp/

池田P郎（いけだぴろう）

●マアト(p67)

はじめまして！ 女の子・メカ・特撮・東方等いろいろ描いております。同人活動もしておりますのでイベント等でみかけましたらどうぞよろしくお願いします〜！

透き通る風

http://transparent.tabigeinin.com/

T-RAy（トレイ）

●ネフティス(p69)

T-RAyと申します。死者の群れを率いるネフティス様を描きました。神秘的な雰囲気が少しでも伝わってくれれば幸いです。

PIN-WHEEL

http://pin-wheel.jp/

てるみぃ

●アールマティ&ハルワタート&アムルタート(p77)

はじめまして、てるみぃと申します。大地、水、植物の三柱神をそれぞれ分かるように、そしてどうまとめるか……難しいですね。

生きてるだけ症候群

http://homepage2.nifty.com/kabotya-no-tane/

ユティフ

●アナーヒター(p79)

ユティフです。アナーヒターは泉の女神ということで、透明感を意識して描きました。とても楽しかったです！ぜひサイトにもお越し下さいm(_ _)m

Intergrail

http://yutif.com/

TANA（タナ）

●エレシュキガル(p87)
●イナンナ(p90)

コミックTENMAにて漫画を連載している他、カードゲームやソーシャルゲームにてイラストを描いてます。今後ともキレイで可愛い姿を描いていきたいです。

我流痴帯

http://tana00.sakura.ne.jp/

まめでんきゅう

●ティアマト(p93)

こんにちは、まめでんきゅうと申します。今回は普段描かないようなものを描かせて頂けて大変楽しかったです。

Garimpeiro

http://light-bulb.sakura.ne.jp/

あみみ

●アシラト&アナト(p95)
●セドナ(p137)

このイラストを描かせていただいてからもうずいぶん経ちました。懐かしいです。あまり変化はありませんが、構図や色の塗り方を工夫したり、良い励みになっています。

えむでん

http://mden.sakura.ne.jp/mden/

竹森真太郎（たけもりしんたろう）

●女媧(p99)

神様を描くというのは信仰の関係もあるので緊張するところもありましたが想像以上に楽しく描かせていただきました。ありがとうございました。

スサノアラシ…

http://susanoarashi2.blog40.fc2.com/

津雪（つゆき）

●九天玄女(p103)

津雪と申します。普段あまり描かない題材でしたが、個人的なファンタジー感をおりまぜつつオリジナリティを出せたのではと思います。やはり露出は大事です（笑）

BOOST FIRE!

http://boostfire.deca.jp/i.top.htm

アカバネ
●ウシャス(p107)

はじめまして、アカバネと申します。今回は素敵な御本に御呼びいただき、有難うございます。とても楽しく描くことが出来ました！少しでも心に響くものがあれば幸いです。

zebrasmise

http://akabanetaitographics.blog117.fc2.com/

河内やまと
●マチネカモイ(p127)

和装好きなのにアレンジやデザインを難しく感じる事が多いのですが、今回アイヌの資料を沢山見てまだまだ和装はいける！と再確信。

河内大和

http://www12.plala.or.jp/yamato

白狼（パイラン）
●アマミキヨ(p129)

琉球の神様を描かせて頂きました。何度も旅行に行くくらい沖縄が大好きなのに思い返せば沖縄らしい絵はほとんど描いたことがなかったので今回は楽しく描けました。

白狼島

http://www.eonet.ne.jp/~fwkh4588/pairan.htm

島風（しまかぜ）
●ペレ&ポリアフ(p140)

ペレがポリアフをいぢめる（性的な意味で）お下品なイラストにしようかと思いましたが、女神の神秘性や美しさを重視して真面目な方向に。

Soundz of Bell

http://homepage2.nifty.com/sob/

しかげなぎ
●ワイマリウィ&ポアリリ(p143)
●モノクロカット

褐色の姉妹とか滾るよね…とか言ないながらワウィラワ姉妹描かせていただきました。どうもありがとうございました！いいよね？なめらかそうな褐色肌って…。

SUGAR CUBE DOLL

http://www2u.biglobe.ne.jp/~nagi-s/

ななてる
●4コママンガ
●モノクロカット

多種多様な女神を取り扱うこの本、自分の漫画で少しでもその魅力をお伝えできていれば幸いです。

蓮根庵

http://renkonan.sakura.ne.jp/

※ ※ ※ ※ ※ ※ ※ ※ ※

美和美和（みわよしかず）
●表紙

LOVEWN Outpost

http://lovewn.blog101.fc2.com/

C-SHOW
●コミック ●案内キャラクター
●エスニャ(p29) ●ラクシュミ(p113)
●天照大神(p117) ●モノクロカット

おたべや

http://www.otabeya.com/

けいじえい
●イズン(p19)
●ヌウト&ハトホル(p65)

ももかんエゴイズム

http://momocan.egoism.jp/

RiE
●ノルニル(p27)

REVERIE

http://reverieworks.jugem.jp/

山鳥おふう (やまどり)
● ブリギット (p33)
YAM
http://ya.matrix.jp/

下北澤鈴成 (しもきたざわすずなり)
● アリアンロッド (p35)
BSW
http://nary.sblo.jp/

比良里 (ひらさと)
● ヘスティア (p43)
ますらいおん。
http://masuraion.blog5.fc2.com/

フジヤマタカシ
● レア (p45)
TLE blog
http://pixiv.cc/fujiyamax/

Pikazo (ぴかぞー)
● アプロディテ (p47)
P-POINT
http://p-point.sakura.ne.jp/main/

さとーさとる
● アルテミス (p51)
● アシ (p81)
16軒目
http://www.16kenme.com/

とんぷう
● アテナ (p56)
ROCKET FACTORY
http://rocketfactory.jpn.org/

すーぱーぞんび
● ニャメ (p71)
● ドゥルガー&カーリー (p111)
ぞんびと愉快な仲間たちver.3
http://www16.ocn.ne.jp/~yamayo7/

ヨカルラ
● マウ (p73)
GUla
http://gula.chu.jp/

あさば
● キュベレ (p83)
● カビヤカ (p135)
はもぐら
http://asaba.lolipop.jp/

ぱるたる
● キ (p85)
R-pll
http://rpll.ninja-web.net/

nio
● 姮娥 (p101)
einhorn
http://einhorn.sakura.ne.jp/einhorn/

きつね長官　●マンザン・グルメ＆マヤス・ハラ(p105)　●モノクロカット　きつねうどん　http://denari.blog86.fc2.com/	**シコルスキー**　●パールヴァティ(p109)　ググググ　http://sikorsky.sakura.ne.jp/
おにねこ　●櫛名田比売(p119)　鬼猫屋　http://oni26.tudura.com/	**八城惺架（やしろせいが）**　●木花之佐久夜毘売(p121)　●弁財天(p124)　CROWN　http://happytown.orahoo.com/crown/
ふみひろ　●オメシワトル(p133)　夜の勉強会　http://www5b.biglobe.ne.jp/~yoru/	**六角連火（むすみれんが）**　●モノクロカット　ヘキサイト　http://hexsite.sakura.ne.jp/
さくも　●モノクロカット　KARATAMA　http://karatama.blog.shinobi.jp/	**山いもとろとろ**　●モノクロカット　機甲犬小屋／とろぶろぐ　http://kikouken.net/

萌える！女神事典 staff

著者	TEAS 事務所
監修	寺田とものり
テキスト	岩田和義（TEAS 事務所） 林マッカーサーズ（TEAS 事務所） 朱鷺田祐介（スザク・ゲームズ） 内田保孝（スタジオ MMK）
協力	こばやし ぶんた
デザイン	渡辺淳子
カバーデザイン	筑城理江子

この本を書いたのは、書籍や雑誌の執筆、編集をお仕事にしている、"TEAS 事務所"さんですよ〜。ホームページや"ついった〜"があるそうですから、のぞいてみるのはどうでしょうか〜？
http://otabeya.com/
https://twitter.com/studioTEAS
左は制作スタッフのみなさんです〜。
おつかれさまでした〜♪

女神めぐりの帰り道……

- さすがは太陽神バルドル様の大船「フリングホルニ」、ちっとも揺れませんね～。神話世界最大級の船で帰りのお迎えだなんて、オーディンさん、よっぽどスクルドちゃんのことが心配だったんですね～♪

- なんにしても、無事に終わってよかったよかった！ わっはっは！ んでスクルドちゃん、世界中めぐって、世界と神様を見て見て見まくって、ぶっちゃけどうだった？ ん～？

- そ、そうね！ わかったのは、人間のいるとこにはかならず女神がいて、人間ひとりの人生に、女神様が何人も手助けしてるのね。出産、農業、結婚……仕事さぼると誰が困るかわかった……気がする。

- ま、つまりはそういうことだよね。それがわかったのなら、オーディンのおっちゃんも勉強させた甲斐があったんじゃないかな？

- でもちょっとだけよ、ちょっと仕事も頑張るだけ！ ワルキューレは絶対やめないからね！ スクルド様のことを待ってるファンがたくさんいるんだから！

- まあ、一応女神の自覚がついたということで～。
  あ、ヴァルハラ宮殿が見えてきましたよ？
  アスガルドに戻るのも3ヶ月ぶりですね～。

- さ、**3ヶ月!?** もうそんなにたってたの!?
  ……ねえ、なんだかすごく嫌な予感がするんだけど……？

女神の仕事 地味っ!!

スクルド執務室

ぺったん ぺったん ぺったん

たまってた3カ月分の仕事↑

参考資料

『赤毛のエリク記 古代北欧サガ集』山室静 訳（冬樹社）
『アジア女神大全』吉田敦彦、吉村一男 編著（青土社）
『アスガルドの秘密 北欧神話冒険紀行』ヴァルター・ハンゼン 著／小林俊明、金井英一 訳（東海大学出版会）
『アタルヴァ・ヴェーダ讃歌』辻直四郎 訳（岩波文庫）
『アフリカの神話』ジェフリー・パリンダー 著／松田幸雄 訳（青土社）
『アフリカの創世神話』阿部年晴（紀伊國屋書店）
『アポロドーロス ギリシア神話』高津春繁 訳（岩波文庫）
『アメリカ・インディアン神話』C・ガーランド 著／松田幸雄 訳（青土社）
『インド神話』ヴェロニカ・イオンズ 著／酒井傳六 訳（青土社）
『インドの神話』斉藤昭俊（吉川弘文館）
『インドの神話 マハーバーラタの神々』上村勝彦（ちくま文芸文庫）
『ヴィジュアル版世界の神話百科 アメリカ編 ネイティブ・アメリカン／マヤ・アステカ／インカ』デイヴィット・M・ジョーンズ、ブライアン・L・モリノー 著／蔵持不三也 監訳／井関睦美、田里千代 訳（原書房）
『ヴィジュアル版世界の神話百科 東洋編 エジプトからインド、中国まで』レイチェル・ストーム 著／山本史郎、山本泰子 訳（原書房）
『ヴィジュアル版世界の神話百科 ギリシア・ローマ／ケルト／北欧』アーサー・コットレル 著／松村一男、蔵持不三也、米原まり子 訳（原書房）
『ヴィジュアル版ラルース世界の神々 神話百科』フェルナン・コント 著／蔵持不三也 訳（原書房）
『ヴェーダ・アヴェスター』辻直四郎 編（筑摩書房）
『ヴェーダからウパニシャッドへ』針貝邦生（清水書院）
『ウパニシャッド』辻直四郎（講談社学術文庫）
『ウパニシャッド』佐保田鶴治 訳（平河出版社）
『エジプト神話』ヴェロニカ・イオンズ 著／酒井傳六 訳（青土社）
『エジプト神話シンボル事典』マンフレート・ルルカー 著／山下主一郎（大修館書店）
『エッダ 古代北欧歌謡集』谷口幸男 訳（新潮社）
『エッダとサガの世界 アイスランドの歴史と文化』山室静（現代教養文庫）
『オリエント神話』ジョン・グレイ 著／森雅子 訳（青土社）
『カメラ紀行 アイヌの世界』更科源蔵 著／掛川源一郎 写真（淡交新社）
『完訳 水滸伝』吉川幸次郎、清水茂 訳（岩波書店）
『ギリシア神話物語事典』バーナード・エヴスリン 著／小林稔 訳（現代教養文庫）
『ギリシア神話』フェリックス・ギラン 著／中島健 編（青土社）
『ギリシア・ローマ神話事典』マイケル・グラント、ジョン・ヘイゼル 著／木宮直仁、西田実、入江和生、中道子、丹羽隆子 訳（大修館書店）
『ケルズの書』バーナード・ミーハン 著／鶴岡真弓 訳（創元社）
『ケルト幻想物語』W・B・イェイツ 著／井村君江 訳（ちくま文庫）
『ケルト事典』ベルンハルト・マイヤー 著／鶴岡真弓 監修／平島直一郎 訳（創元社）
『ケルト神話』プロインシァス・マッカーナ 著／松田幸雄 訳（青土社）
『ケルト神話・伝説事典』ミランダ・J・グリーン 著／井村君江 監訳／渡辺充子、大橋篤子、北川佳奈 訳（東京書籍）
『ケルト神話と中世騎士物語』田中久仁彦 訳（中公新書）
『ケルト神話の世界』ヤン・ブレキリアン 著／田中仁彦、山邑久仁子 訳（中央公論社）
『ケルトの神話 女神と英雄と妖精と』井村君江（ちくま文庫）
『ケルトの聖書物語』松岡利次 訳（岩波書店）
『ケルト美術』鶴岡真弓（ちくま文芸文庫）
『ケルト文化事典』ジャン・マルカル 著／金光仁三郎、渡邉浩司 訳（大修館書店）
『古事記・日本書紀を知る事典』武光誠（東京堂出版）
『古代エジプトの説話 プラーフマナ文献より』辻直四郎 訳（春秋社）
『古代エジプトを知る事典』吉村作治 編著（東京堂出版）
『古代オリエント事典』日本オリエント学会 編（岩波書店）
『古代メソポタミアの神話 世界最古の「ギと神の冒険譚」』三笠宮仁 監修／岡田明子、小林登志子 訳（中公文庫）
『サンスクリット原典全訳マヌ法典』渡瀬信之 訳（中公文庫）
『シャーロット・ゲスト版 マビノギオン ケルト神話物語』シャーロット・ゲスト 著／井辻朱美 訳／アラン・リー 挿画（原書房）
『主題別 世界の神話』マイケル・ジョーダン 著／松浦俊輔 他 訳（青土社）
『シュメル神話の世界 粘土板に刻まれた最古のロマン』岡田明子、小林登志子（中公新書）
『シリーズ世界の宗教 アフリカの宗教』A・M・ルギラ 著／嶋田義仁 訳（青土社）
『新装版 ギリシア神話』呉茂一（新潮社）
『神話百科』安津素彦、梅田義彦 編纂（堀書店）
『神道大系辞典』（協川書店）
『日本神名辞典』（神社新報社）
『新版ギリシア神話 上下』ロバート・グレーヴス 著／高杉一郎 訳（紀伊國屋書店）
『神話学入門』C・カーメンスキイ 著／菅原那城、坂内徳明 訳（東海大学出版会）

『水滸伝 虚構の中の史実』宮崎市定（中公新書）
『図説エジプトの神々事典』ステファヌ・ロッシーニ、リュト・シューマン＝アンテルム 著／矢島文夫、吉田春美 訳（河出書房新社）
『図説エジプトの死者の書』村治笙子、片岸直美、仁田三夫 訳（河出書房新社）
『図説ギリシア神話 神々の世界編』松島道也（河出書房新社）
『図説ケルト神話物語』イアン・ツァイセック 著／山本史郎、山本泰子 訳（原書房）
『図説ケルトの歴史 文化・美術・神話を読む』鶴岡真弓、松村一男 他（河出書房新社）
『図説古代エジプト誌 古代エジプトの神々』松本弥（弥呂久）
『図説 神話・伝説・イメージ 月の文化史 下』ジュールス・キャシフォード 著／別宮貞徳、片柳佐智子 訳（柊風舎）
『図説世界女神大全 1・2』（原書房）
『図説マヤ・アステカ神話宗教事典』メアリ・ミラー、カウル・タウベ 編／増田義郎 監修／武井摩利 訳（東洋書林）
『図説龍とドラゴンの世界』笹間良彦（遊子館）
『図説龍の歴史大事典』笹間良彦（遊子館）
『世界宗教神話誌』ジョン・R・ヒネルズ 編／佐藤正英 監訳（青土社）
『世界神話事典』大林太良、伊藤清司、吉田敦彦、松村一男 編（角川書店）
『世界神話辞典』アーサー・コッテル 著／左近司祥子、宮元啓一、瀬戸井厚子、伊藤克巳、山口拓夢、左近司彩子 訳（柏書房）
『世界神話大事典』イヴ・ボンヌフォワ 編／金光仁三郎、大野一道、白井泰隆、安藤俊次、鳴野将夫、松村一男 訳（大修館書店）
『世界神話伝説大系 神話・伝説・ファンタジー』アリス・ミルズ 監修／荒木正純 監訳（東洋書林）
『世界の宗教と経典 総解説』（自由国民社）
『世界の神話伝説 総解説』（自由国民社）
『世界の民話 26 オーストラリア』小沢俊夫 編（ぎょうせい）
『創造神話の事典 D・ミーリング、M・ミーリング 著／松浦俊輔 他 訳（青土社）
『ゾロアスターの神秘思想』岡田明憲（講談社現代新書）
『大地の神話 ユーラシアの伝承』金光仁三郎 他（中央大学出版部）
『筑摩世界文学大系 1 古代オリエント集』（筑摩書房）
『筑摩世界文学大系 9 インド・アラビア・ペルシア集』（筑摩書房）
『知の探究シリーズ 世界の神話がわかる』（日本文芸社）
『中国の神話伝説』伊藤清司 他（東方書店）
『中国の神話伝説 上下』袁珂 著／鈴木博 訳（青土社）
『中国の神話伝説事典』王孝廉（勉誠出版）
『中国神話の宇宙』過傳 著／君島久子 訳／新島翠、林雅子 訳（勉誠出版）
『日本神話の比較研究』大林太良 編（法政大学出版局）
『日本の神話伝説』吉田敦彦、古川のり子 著（青土社）
『日本昔話大辞典』稲田浩二 他 編（弘文堂）
『日本昔話通観 15 北海道（アイヌ民族）』（同朋舎）
『ハワイの神話』立石京子、カビコ 新井千穂 著（文踊社）
『ヒンドゥー教の神々』立川武蔵（せりか書房）
『平凡社大百科事典 15』（平凡社）
『平妖伝 中国古典文学大系 36』太田辰夫 訳（平凡社）
『別冊エンサイクロ 日本の神々 道教神仙と仙人の大図鑑』（学研）
『ペルー・インカの神話』オズボーン・ハロルド 著／田中梓 訳（青土社）
『ペルシア神話』ジョン・R・ヒネルズ 著／井本英二、奥西峻介 訳（青土社）
『ペルシア語大辞典（日英対訳）』東條真人
『北欧神話』H・R・エリス・デイヴィッドソン 著／米原まり子、一井知子 訳（青土社）
『北欧神話』菅原邦城（東京書籍）
『北欧神話と伝説』グレンベック 著／山室静（新潮社）
『北欧神話の世界 神々の死と復活』アクセル・オルリック／尾崎和彦 訳（青土社）
『北欧神話物語』K・クロスリイ・ホランド 著／山室静香、米原まり子 訳（青土社）
『北欧の神々と妖精たち』山室静（岩崎美術社）
『北欧の神話』R・I・ペイジ 著／井上健 訳（丸善ブックス）
『北欧のロマン ゲルマン神話』ドナルド・A・マッケンジー 著／東浦義雄、武村恵都子 編訳（大修館書店）
『マヌ法典 ヒンドゥー教世界の原型』渡瀬信之 訳（中公文庫）
『マヤ・アステカの神話』アイリーン・ニコルソン 著／松田幸雄 訳（青土社）
『女神の神話学 処女母神の誕生』松村一男（平凡社）
『メソポタミアの神話』ヘンリエッタ・マッコール 著／青木薫 訳（丸善ブックス）
『物語 古代ギリシア・ローマ人物地名事典』安達正（彩流社）
『無文字民族の神話』ミシェル・パノフ 著／大林太良、宇野公二郎 著（白水社）
『ユーラシアの創世神話』金光仁三郎（大修館書店）
『読みくらべ日本の神話 神々の異聞録』稲田智宏（新人物ブックス）
『リグ・ヴェーダ讃歌』辻直四郎 訳（岩波文庫）
『ローマ神話』スチュアート・ペローン／中島健 訳（青土社）
『ローマ神話 西欧文化の源流から』丹羽泰子（大修館書店）

『CLOACINA: GODDESS of the SEWERS』Jon C. Schladweiler, Arizona Water & Pollution Control Association
『ペルシア神話大辞典（日英対訳）』東條真人
『ブリタニカ百科事典 第11版（オンライン）』

205

神名索引

項目名	分類	ページ数
アース神族	神族・種族	14、18、20、26、172、173、176、177、178
アールマティ	女神	76
アグニ	男神	188
アン	女神	80、96
アシラト	女神	94
アスクレピオス	男神	171
アスタルテ	女神	94、96、148、149
アスタロト	その他超常存在	88、149
アストライア	女神	168
アスラ	神族・種族	110、190
アダド	男神	148
アッティス	男神	82
アテナ	女神	54、55、40、44、50、54、55、58、165、166、167、170
アテン	男神	155
アトゥム	男神	154
アトゥム＝ラー	男神	154
アトロポス	女神	26、170
アナーヒター	女神	78、80、96
アナト	女神	94、96、148
アナンタ	神（その他）	190
アヌ	男神	148、151
アヌビス	男神	68
アプスー	男神	92
アフラ・マズダ	男神	76、78、80
アプロディテ	女神	46、48、49、164、165、166、167、168
アポロ	男神	166、167
アポロン	男神	50、52、165、166、167、169、170、171
天津神 (あまつかみ)	神族・種族	116、196
天照大神 (あまてらすおおみかみ)	女神	116、130、144、194、195、197、198
アマミキヨ	女神	128
アムシャ・スプンタ	神族・種族	76
アムルタート	女神	76
天宇受 (あめのうずめ)	女神	197
アメン	男神	153
アリアンロッド	女神	34、181
アルダーナリシュヴァラ	両性具有神	108
アルテミス	女神	38、50、52、54、165、166、167、169
アレス	男神	165、166、167、168
アン	男神	74、84、88、148
アントゥ	女神	148
アンリ・マンユ	男神	76
伊邪那岐 (いざなぎ)	男神	116、128、130、193、194、197
伊邪那美 (いざなみ)	女神	116、128、130、193、194、197
イシス	女神	52、66、68、155、160、161
イシュタル	女神	78、89、150、151
イズン	女神	18、60、177、179
市寸島比売 (いちきしまひめ)	女神	197
イナンナ	女神	48、74、88、89、96、144、148、151
イリス	女神	168
岩長比売 (いわながひめ)	女神	120、197
インドラ	男神	187、188
ヴァースキ	神（その他）	190
ヴァーリ	男神	22
ウアジェト	女神	160、161
ヴァナ	神族・種族	191
ヴァルナ	男神	190
ヴァン神族	神族・種族	14、18、172、173、177
ヴィーナス	女神	46、48、166、167
ヴィシュヌ	男神	110、112、114、186、187、188、189、190、191
ヴィラコチャ	男神	134
ヴェスタ	女神	42、166、167
ヴェヌス	女神	（ヴィーナス参照）
鸕草葺不合 (うがやふきあえず)	男神	198
保食 (うけもち)	女神	197
ウシャス	女神	106
海幸彦 (うみさちひこ)	男神	195
ウラノス	男神	44、48、163
ウルズ	女神	26
エア	男神	148、151
エオス	女神	168、169
エスニャ	女神	28
エポナ	女神	181
エル	男神	94
エレシュキガル	女神	86、88、89、148、151
エレボス	男神	170
エロス	男神	46、58
エンキ	男神	89、148
エンリル	男神	84
オイングス	男神	30
大国主 (おおくにぬし)	男神	118、193、194、195、198
大宜都比売 (おおげつひめ)	女神	197
オーディン	男神	14、15、20、22、24、26、153、176、172、176、177、178
オオヤマツミ	男神	120
オケアノス	男神	170
オシリス	男神	62、64、66、68、153、155、157、161
オメシワトル	女神	132
オメテオトル	両性具有神	132
オメテクトリ	男神	132
思金 (おもいかね)	男神	193
オリュンポス神族	神族・種族	42、163、164、165、168、170、171
オルクス（プルト）	男神	166、167
カーマ	男神	108
カーリー	女神	110
ガイア	女神	44、54、74、163、164、168
カオス	神（その他）	163、170
ガネーシャ	男神	108
カビヤカ	女神	134
神椎伊波礼比古 (かむやまといわれびこ)	男神	195
キ	女神	74、84
ギガス	神族・種族	163、164
菊理媛 (きくりひめ)	女神	197、198
吉祥天 (きっしょうてん)	女神	114
九天玄女 (きゅうてんげんにょ)	女神	102
キューピッド	男神	46、58
キュベレ	女神	44、48、82、96
キルケ	女神	168、169
キング	男神	92
キンナラ	神族・種族	191
櫛名田比売 (くしなだひめ)	女神	118
国津神 (くにつかみ)	神族・種族	116、196、198
クロアチーナ	女神	49
クロト	女神	26、170
クロノス	男神	42、44、163、164、169、170
罫 (けい)	男神	100
ゲセル	男神	104
ゲブ	男神	64
ケレス	女神	40、166、167
姮娥 (こうが)	女神	100
木花之久夜毘売 (このはなさくやひめ)	女神	120
サーガ	女神	20
サティ	女神	108
サテト	女神	160
サラスヴァティ	女神	122
シヴァ	男神	108、110、186、188、190
シギン	女神	22
シトラリクエ	女神	132
シネリキヨ	女神	128
シュウ	男神	64
女媧 (じょか)	女神	74、98
シン	男神	151
神農 (しんのう)	男神	98
スヴィプタグ	男神	15
スーリヤ	男神	106
スクルド	女神	26

名前	種別	ページ
須佐之男 (すさのお)	男神	116、118、130、193、194、195、196、197、198
須勢理毘売 (すせりびめ)	女神	198
ゼウス	男神	38、40、42、44、46、48、50、54、55、58、60、130、153、163、164、165、166、167、168、169、170
セクメト	女神	64、160、161
セシャト	女神	160
セト	男神	62、68、153、157
セドナ	女神	136
セルキス	女神	160
セレネ	女神	168、169
大日如来 (だいにちにょらい)		144
多岐都比売 (たぎつひめ)	女神	198
多紀理毘売 (たぎりひめ)	女神	198
ダグザ	男神	30、32、183
建御雷 (タケミカヅチ)		193、195
天手力男 (たぢからお)	男神	197
ダヌ	女神	32、74、182
玉依毘売 (たまよりびめ)	女神	198
タラニス	男神	181
タンムーズ	男神	150、151
月読 (つくよみ)	男神	116、130、193、197
ディアナ	女神	52、166、167
ティアマト	女神	92、148
ディアン・ケヒト	男神	182、183
ディオニュソス	男神	42
ディオネ	女神	48
ティタン神族	神族・種族	58、163、164、169、170
デーヴァ神族	神族・種族	190
テティス	女神	169
テミス	女神	169
デメテル	女神	40、44、130、165、166、169
テュケ	女神	169
テングリ (天神)	神族・種族	104
トゥアハ・デ・ダナーン	神族・種族	32、182
ドゥムジ	男神	88、89
ドゥルガー	女神	108、110
トール	男神	14、176、177、179
トト	男神	66
トナカシワトル	女神	132
豊玉毘売 (とよたまびめ)	女神	198
ナーガ族	神族・種族	190、191
ナナ・ブルク	両性具有神	72
ナルヴィ	男神	22
ナンナ	女神	88
ニケ	女神	55、58
邇邇芸 (ニニギ、にに ぎ)	男神	120、193、195、197
ニャメ	女神	70
ニャンベ	男神	70
ニュクス	女神	170
ヌアダ	男神	182、183
ヌウト	女神	64、68、70
ヌン	男神	154
ネイト	女神	161
ネフティス	女神	68
ネプトゥヌス	男神	166、167
ネペベト	女神	160、161
ネメシス	女神	58
ネルガル	男神	86
ネレイス	女神	169
ノルニル (ノルン)		15、18、26、34、26
バアル	男神	94、96、148、149
パールヴァティ	女神	108、110
バズゥ	女神	36
バステト	女神	161
ハデス	男神	40、44、130、165、166、167、171
ハトホル	女神	64、66、96
バルドル	男神	22、24、177
ハルフタート	女神	76
盤古 (ばんこ)		98
ハンバン・ヒョルモス	男神	104

名前	種別	ページ
フォモール族	神族・種族	182、183
ブタハ	男神	154、155
伏羲 (ふっき)	男神	98
ブラフマー	男神	123、186、188、190
ブリギッド	女神	32、36
フリッグ	女神	14、15、20、24、177、178
フレイ	男神	14、176、177、179
フレイヤ	女神	14、15、173、176、177、178、179
ブレス	男神	183
プロセルピナ	女神	166、167
ヘイムダル	男神	177、178
ヘカテ	女神	170
ヘカトンケイル	神族・種族	164
ヘケト	女神	161
ヘスティア	女神	42、44、50、54、165、166、167
ヘパイストス	男神	46
ヘベ	女神	60
ヘメウセト	女神	161
ヘラ	女神	38、40、42、44、46、50、54、60、165、166、167、168、169
ヘリオス	男神	168
ベルザンディ	女神	26
ペルセポネ	女神	40、89、130、165、166、167
ヘルメス	男神	169
ペレ	女神	138、139
弁財天 (弁才天、べんざいてん)		96、122、123、197
ボアーン	女神	30
ボアリリ	女神	142
火遠理 (ホオリ、山幸彦)		195、198
ポセイドン	男神	44、130、165、166、167、169
ポリアフ	女神	138、139
ホルス	男神	62、64、153、161
マアト	女神	66、68、157
マウ	女神	72、74
マチネカモイ	女神	126
マッハ	女神	36
マヒシャ	女神	110
マヤス・ハラ	女神	104
マルス	男神	166、167
マルドゥク	男神	92、148
マンザン・グルメ	女神	104
ミトラ	男神	80
ミネルウァ	女神	54、55、166、167
ムサイ (ムサ)	女神	170
宗像三女神 (むなかたさんじょしん)	女神	198
メティス	女神	170
モイライ	女神	26、34、170
モト	男神	94、96
モリガン	女神	36、181
八上比売 (やかみひめ)		198
ヤクシャ族	神族・種族	190
ヤザタ	神族・種族	78、80
ヤハウェ	神(その他)	142、148
ユノ	女神	38、166、167
ユピテル	男神	166、167
ラー	男神	62、64、153、154
ラークシャサ族	神族・種族	190
ラートリー	女神	106
ラクシュミ	女神	80、112、114
ラケシス	女神	26、170
リサ	男神	72
ルー	男神	181、182、183
ルドラ	男神	188
レア	女神	44、74、96、169
レト	女神	50
ロキ	男神	14、18、22、24、176、177、178
ワイマリウィ	女神	142
ワルキューレ	その他超常存在	15、26、173

207

萌える!女神事典

2012年2月29日 初版発行
2013年6月28日 2刷発行

著者　　TEAS事務所
発行人　松下大介
発行所　株式会社 ホビージャパン
　　　　〒151-0053　東京都渋谷区代々木2-15-8
電話　　03(5304)7602 (編集)
　　　　03(5304)9112 (営業)

印刷所　大日本印刷株式会社

©TEAS Jimusho 2012
Printed in Japan
ISBN978-4-7986-0352-0 C0076